노을만 붉게 타는구나

김재수 아홉 번째 큰글씨 에세이

노을만 붉게 타는구나

2025년 12월 15일 편집
2025년 12월 20일 발행

지은이 | 김재수
낸 이 | 김희남
낸 곳 | 도서출판 청옥문화
강원도 동해시 평원로 40
E-mail. mhprint@hanmail.net
T. 033-522-5800

· 이 도서의 정보는 뒤표지의 QR코드, 국립중앙도서관 출판도서목록 서지정보유통지원시스템 홈페이지(http://seoji.nl.go.kr)에서 이용하실 수 있습니다.

ISBN 978-89-92445-35-1 (03810)

값 12,000원

김재수 아홉 번째 에세이

노을만 붉게 타는구나

도서출판
Chung Ok 청옥

글 머리에

청산의 그늘, 아홉 번째 옹달샘

지난 여덟 번의 기록을 통해, 이 노년의 삶이 짊어져 온 모든 짐을 청산青山에 묻고, 마지막 고백을 마쳤다 생각했습니다. 특히 여덟 번째 에세이 『청산에 살리라』를 세상에 내놓을 때는, 비로소 길고 험했던 나그네 인생의 회귀점에 닿았노라 스스로 위안하였습니다.

돌아갈 때가 되어 과거를 회상하고, 이제는 진정 '몸도 훨훨 마음도 훨훨' 날아보려던 참이었습니다. 그러나 어인 일인지, 팔십 고개를 넘어 망구望九를 바라보는 이 생의 강물은 멈추지 않고 또다시 작은 소용돌이를 만듭니다. 마음 저 깊은 곳, 청산의 그늘 아래에도 미처 털어내지 못한 '이끼' 같은 미련과 '울분'의 잔재가 남아 아홉 번째 펜을 들게 하였습니다.

배움이 짧아 세상의 이치를 깨닫지 못했던 한恨, 불의와는 타협할 줄 몰라 이웃을 불편하게 만들었던 모난 자존감. 지난날의 악전고투惡戰苦鬪와 생존경쟁, 그리고 인생의 덧없음과 배신背信이 남긴 쓰라린 허탈감까지, 모두 제 글 속에 녹아 있는 제 삶의 흉터입니다.

이번 아홉 번째 발자취 역시 결코 화려하지 않고 두서없는 졸필拙筆에 불과할 것입니다. 다만, 이 남루한 글을 통해 제 삶의 진실과 함께 이 시대를 살아가는 이웃들과 작은 공감을 나누고, 우리네 인생이 결국 놓지 말아야 할 가치가 무엇인지 마지막으로 되새겨 보고 싶을 뿐입니다.

제가 죽더라도 저를 기억해주신다면 저는 사는 것입니다. 이 아홉 번째 기록은 청산靑山에 묻으려 했던 모든 회한悔恨을 다시금 그러모아 만든 작은 횃불과 같습니다. 이 횃불이 꺼지지 않는 한, 제 삶의 이야기는 아직 끝이 아니며, 다음 모퉁이 너머에 또 다른 진실이 기다리고 있음을 믿습니다. 독자 여러분의 따뜻한 공감이, 이 노년에 열 번째 물길을 트는 생명의 옹달샘이 될 것입니다. 늘 변함없이 함께 해 주신 벗님들에게 깊은 감사와 함께 만강萬康을 기원합니다.

2025. 12.

一竹 김 재 수

국보 죽서루 전경

국보 죽서루 후경

삼척시 성북동 가양산 실직군왕릉

삼척시 성북동 가양산 실직군왕릉 표지석

삼척시 사직동 실직군왕비릉

삼척시 사직동 실직군왕비릉 표지석

삼척김씨 족보

三陟 金氏 行列錄

二十六世 興○흥	二十七世 ○鎬호・○鐄횡	二十八世 源○원・淑○숙
二十九世 ○榮영・○植식	三十　世 炯○형・燦○찬	三十一世 ○數수・○基기
三十二世 鎭○진・鍊○연	三十三世 ○河하・○泰태	三十四世 東○동・根○근
三十五世 ○炫현・○煥환	三十六世 在○재・圭○규	三十七世 ○鎔용・○錫석
三十八世 洙○수・洛○낙	三十九世 ○楷해・○極극	四十　世 炳○병・熙○희
四十一世 ○赫혁・○喆철	四十二世 鍾○종・鈺○옥	四十三世 ○澤택・○淳순
四十四世 相○상・桂○계	四十五世 ○魯노・○烈열	四十六世 善○선・重○중
四十七世 ○錄록・○鎰일	四十八世 永○영・漢○한	四十九世 ○桓환・○來래
五十　世 然○연・南○남	五十一世 ○埈준・○均균	五十二世 鏡○경・鉦○정
五十三世 ○求구・○溶용		

왼쪽부터 필자 김새수, 김영학, 김대수

다시 볼 수 없는 죽마고우 김대수와 함께

왼쪽부터 김영학 이용우 김재수 심재호

왼쪽부터 김만호 김대수 김재수 삼총사

세 아들 (왼쪽부터 김수산 김진주 김진영)

도계읍 흥전리 전 40 김재수의 가묘 전경

도계읍 흥전리 전 40 김재수의 가묘 후경

김재수 에세이 출간 표지석

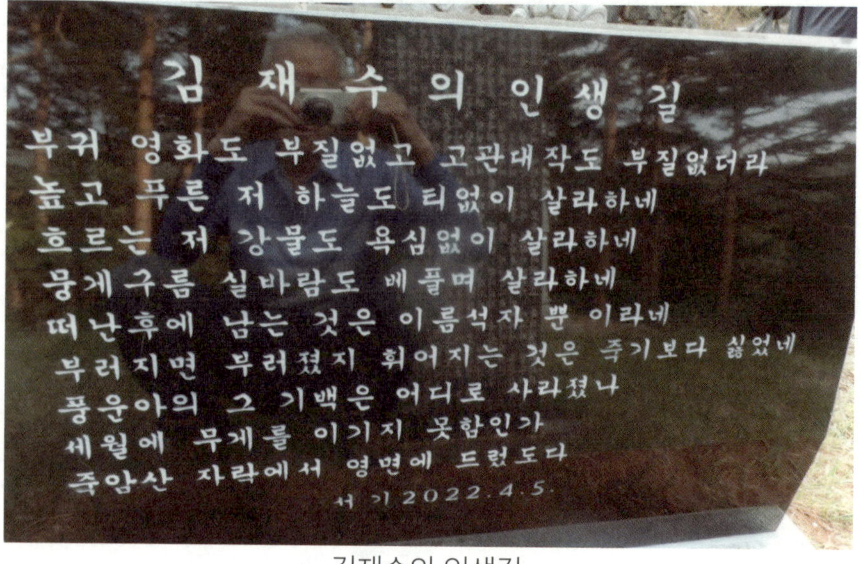

김재수의 인생길

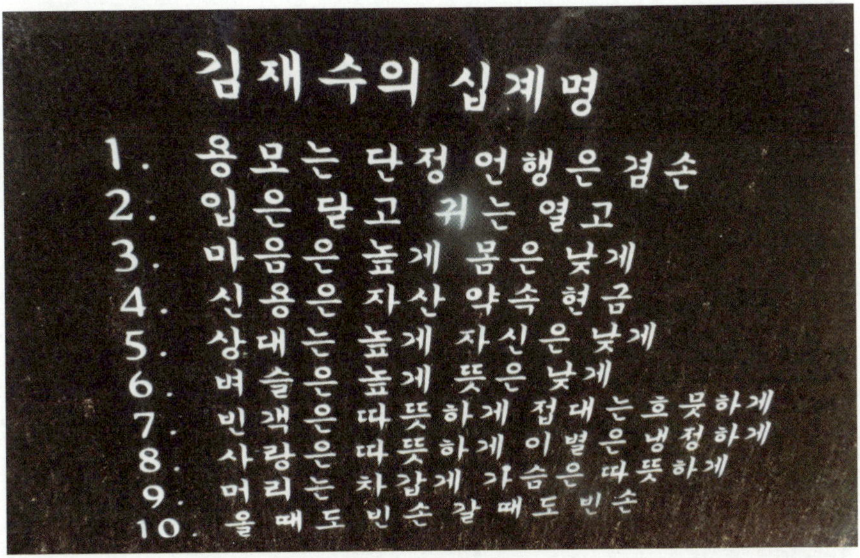

김재수의 십계명

1. 용모는 단정 언행은 겸손
2. 입은 닫고 귀는 열고
3. 마음은 높게 몸은 낮게
4. 신용은 자산 약속 현금
5. 상대는 높게 자신은 낮게
6. 벼슬은 높게 뜻은 낮게
7. 빈객은 따뜻하게 접대는 흐뭇하게
8. 사랑은 따뜻하게 이별은 냉정하게
9. 머리는 차갑게 가슴은 따뜻하게
10. 올 때도 빈손 갈 때도 빈손

김재수의 십계명

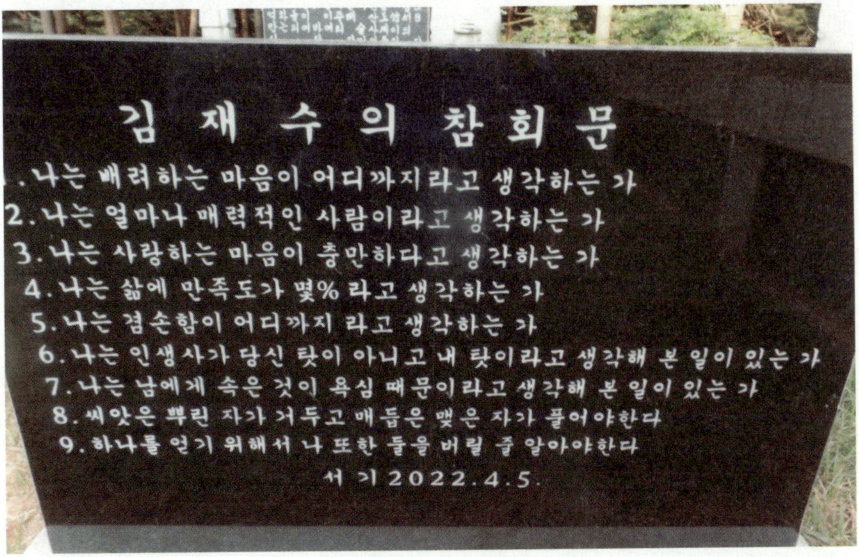

김재수의 참회문

.나는 배려하는 마음이 어디까지라고 생각하는 가
2.나는 얼마나 매력적인 사람이라고 생각하는 가
3.나는 사랑하는 마음이 충만하다고 생각하는 가
4.나는 삶에 만족도가 몇% 라고 생각하는 가
5.나는 겸손함이 어디까지 라고 생각하는 가
6.나는 인생사가 당신 탓이 아니고 내 탓이라고 생각해 본 일이 있는 가
7.나는 남에게 속은 것이 욕심 때문이라고 생각해 본 일이 있는 가
8.씨앗은 뿌린 자가 거두고 매듭은 맺은 자가 풀어야한다
9.하나를 얻기 위해서 나 또한 둘을 버릴 줄 알아야한다

서기 2022.4.5.

김재수의 참회문

오십천의 메기

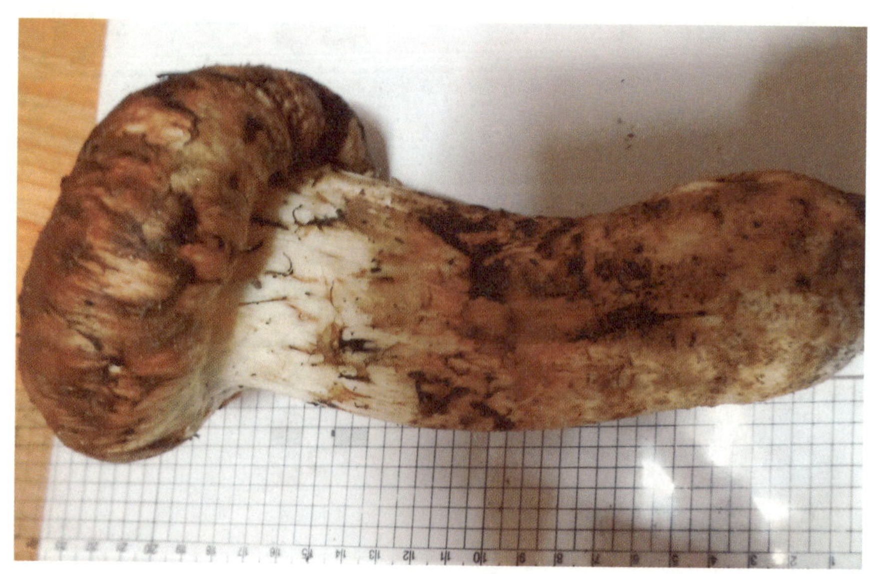

25센티의 송이

오십천의 장어

오십천의 장어 70센티 2018. 6. 28.

오십천의 메기

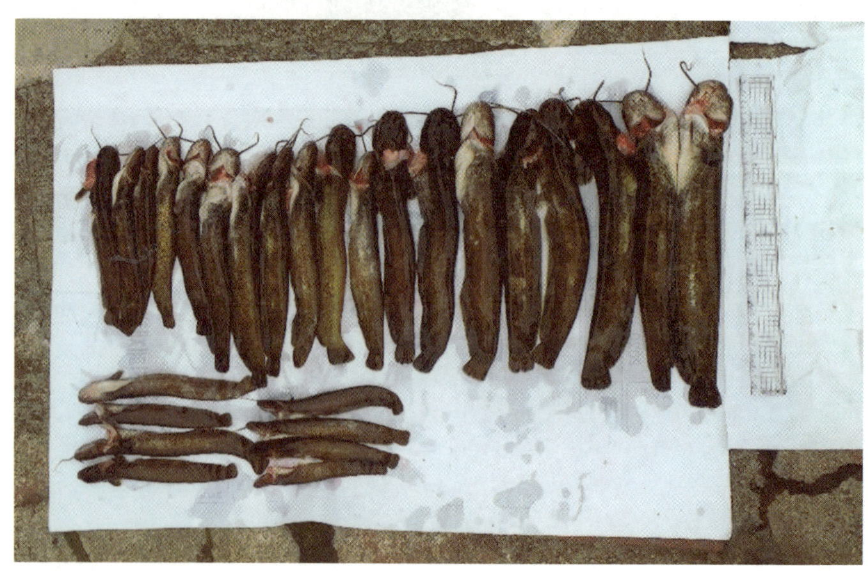

오십천의 메기

오십천의 장어

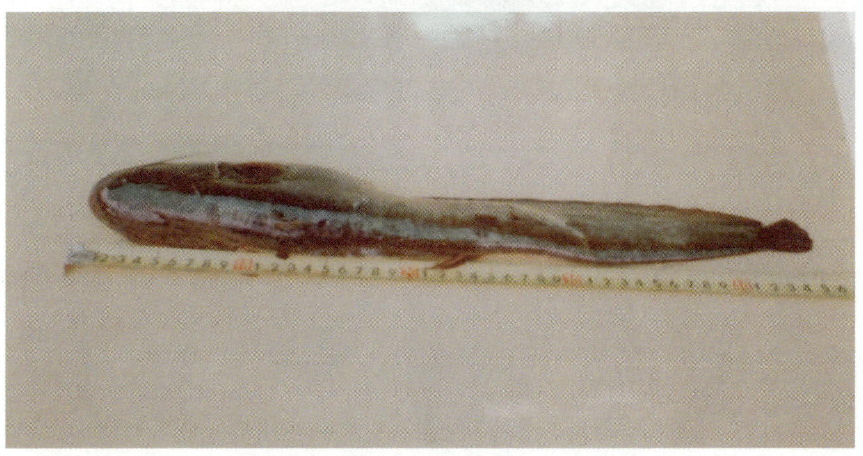

오십천의 메기 45센티 2018. 6. 28.

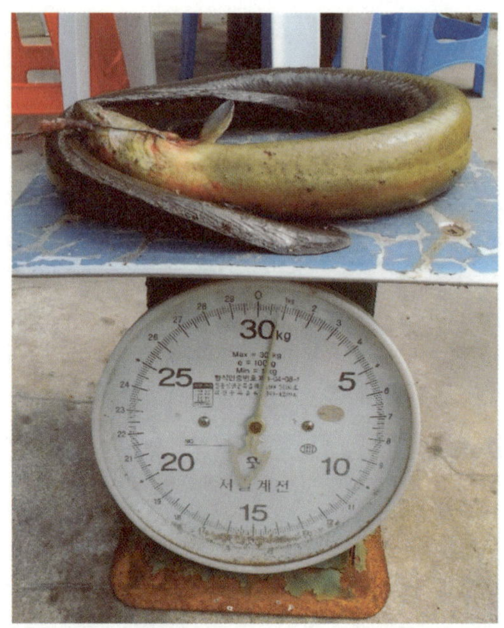

오십천의 장어

오십천의 메기

오십천의 장어 70센티 2018. 5. 16

오십천의 메기

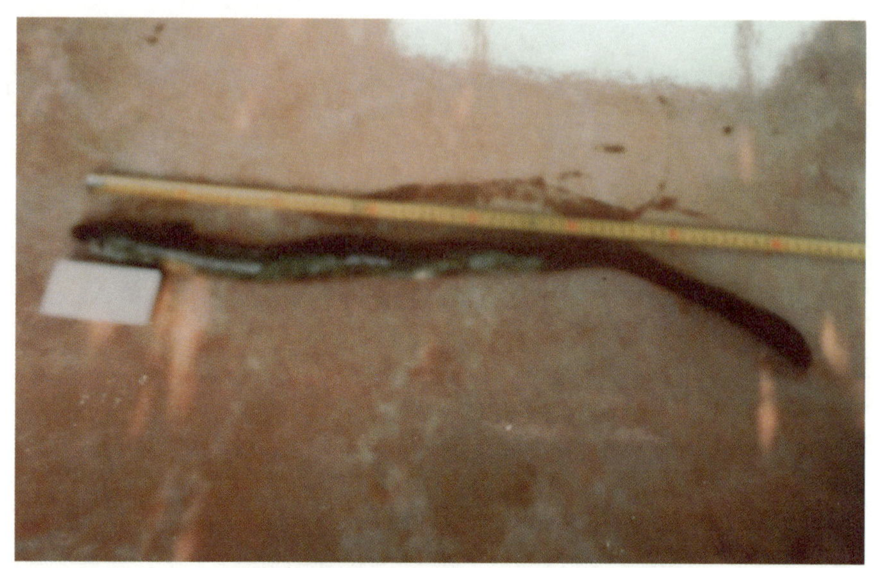

오십천의 장어 75센티 2018. 6. 28

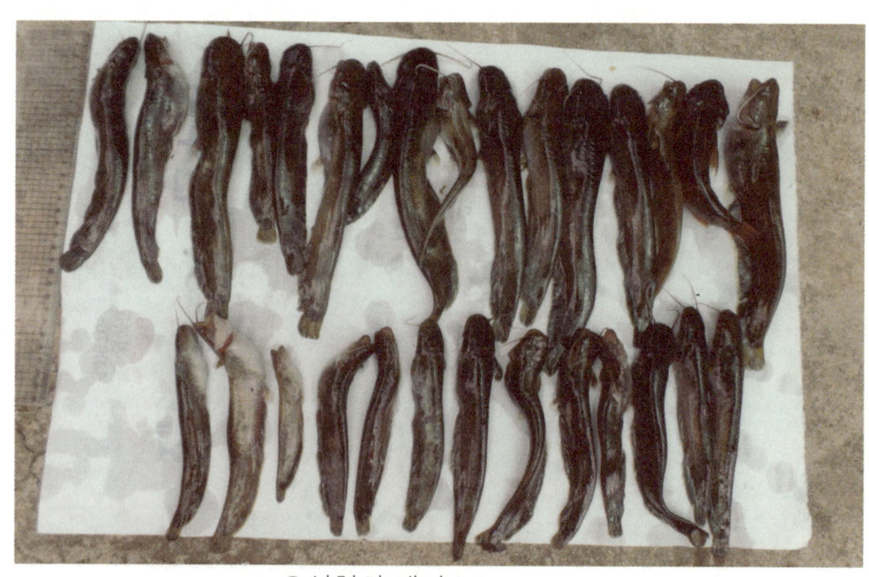

오십천의 메기 2018. 8. 15.

차례

3부 / 속담

4부 / 자작시

5부 / 사자성어

6부 / 시사

7부 / 아는 만큼 보인다

1부

자화상

내 인생의 수채화

五男 二女 중 막내로 태어나 남들처럼 공부는 하지 못했지만, 청운靑雲의 푸른 꿈은 남달랐다. 많은 이의 선망 대상이 되어보기도 했으며, 아쉬움이 없을 정도의 성취감도 맛보았지만, 가야 할 길은 멀고도 험난했다.

서로 돌아설 수밖에 없었던 운명의 소용돌이 속에서 인생의 쓴맛을 보았다. 인륜과 천륜을 저버린 저주받을 인간을 정리하지 못하고 돌아설 수밖에 없었던 비운悲運의 사나이. 세상도 원망해보았고, 부귀공명富貴功名도 부질없음을 깨달았다.

五十 장년에 낙향하니, 죽암산 자락이었다. 울창한 송림松林은 위안이 되었고, 공산야월空山夜月 깊은 밤에 슬피 우는 저 두견杜鵑새야, 너의 사연을 들어보니 나와 정녕 같구나.

춘경春景은 지났는데 잔설은 남아있고, 푸른 한恨을 가득 안고 녹수청산綠水靑山 무덤이 되었네. 그 누가 찾아줄까. 아무도 오지 않네. 한 많은 모진 인생, 한 줌의 흙으로 변했구려.

벗님들이시여, 나와 같은 길은 가지 마소서.

죽암산 자락에서 일장통곡一場痛哭을 해도 메아리뿐이요, 새 소리 바람 소리뿐일지라도, 나의 육신과 한을 모두 이곳에 묻었노라.

길손들이여, 한 번 왔다 가야만 하는 길이라지만, 이와 같이 될 줄이야. 오호통재嗚呼痛哉라! 그네들의 말년末年을 보지 못하고 먼저 가니 통탄할 뿐이로다.

그대들이여, 나의 절규하는 소리가 들리지 않는가. 구름 낀 날이면 외출을 삼가라.

아서라 말아라. 향수나 마음껏 머금고 이곳에 누워 억만세億萬歲의 시름을 모두 잊어버리고 독야청청獨也青青 하리라.

오십천을 먹물 삼아

오십천의 맑은 강물을 먹물로 삼아

1. 오십천 강물처럼
2. 바람 따라 구름 따라
3. 산 넘고 물 건너 나그네 가는 길
4. 인생은 구름 나그네
5. 죽암산 엘레지
6. 남자는 속으로 운다
7. 몸도 훨훨 마음도 훨훨
8. 청산에 살리라
9. 노을만 붉게 타는구나

십여 년에 걸쳐 인생을 노래하고 있습니다만, 인간이 태어나고 살아가는 모습이 천차만별(千差萬別)이고, 빈부귀천의 격차를 표현하는 것이 필자의 능력으로는 한계가 있음을 느낍니다.

필자는 최선을 다했다고는 하지만, 독자 여러분의 안목에서는 턱없이 부족하다는 것을 잘 알고 있습니다.

앞으로도 중단 없는 노력을 배가(倍加)시켜서 하나씩 조금씩 채워갈 것을 독자 여러분과 약속드립니다. 꾸준히 지켜봐 주십시오.

그리고 오십천의 먹물이 마를 때까지 독자 여러분의 곁을 떠나지 않겠습니다.

욕심인가 망령인가

때는 녹음방초(綠陰芳草)가 성하(盛夏)할 때다. 오월은 가정의 달이라고 한다.

기력이 점점 떨어져서 예전처럼 하지 못하기 때문일까. 가족들과 한 끼의 밥이라도 함께하고 싶은 마음은 굴뚝같건만, 어쩐지 요즘처럼 외로움을 느낀 적도 흔치 않은 일이다.

4월 19일, 서울에서 친구 세네 명을 만나 식사와 소주 몇 잔을 나누었는데, 뜻밖에도 여비에 보태 쓰라며 20만 원씩이나 주었다. 왈칵 눈물이 날 뻔했다. 나는 이웃에게 별로 해 준 것도 없는데, 앞으로는 좀 더 잘해야 되겠다는 마음이 앞섰다.

지난 음력 3월 3일은 나의 83회 생일이었다. 꼬박꼬박 잘도 오가던 김진주, 우인숙 내외가 진주의 수술 때문에 방문이 어렵다고 했다.

5월 8일 어버이날에는 꼭 올 거라 생각했는데, 수술 절차상 문제가 있어 5월 22일에 입원하기로 되었다고 한다. 누구든 병원과 건강에 관한 문제라면 재촉할 여지가 없지만, 앞으로 몇 번의 생일과 어버이날을 더 보고 떠날 것인지 궁금하고, 조급한 마음을 감출 수 없구나.

구구팔팔 2·3·死

요즘은 연명치료 포기 각서를 많이들 씁니다. 인생의 마지막 길을 갈 때, 왜 꼭 많게는 수년, 적게는 수개월씩 자식들 고생까지 시켜가며 병치레를 해야 하는 걸까요?

부모님께 효도를 다하지 못한 벌 때문일까요? 혹은 사는 동안 너무나 많은 죄를 지었기 때문에 자식들에게 효를 확인이라도 받으라는 것일까요?

오래 사는 것이 능사는 아니라고 생각합니다. 공연히 오래 산다고 고생만 하느니보다는 적당히 살다가 그저 2~3일만 앓고 떠났으면 얼마나 좋을까요? 이것이 노인분들의 공통된 희망 사항이 아닐까 생각합니다.

자식 농사가 큰 농사

'인생은 일장춘몽이다. 무엇 하려고 아등바등하느냐. 올 때도 빈손이었고 갈 때도 빈손일 것이다. 모두가 부질없는 짓이더라' 라고 말하지요.

인생은 지성보다 인성을 더욱 중시해야 합니다. 가난한 집이라고 해서 효자가 없으라는 법은 없습니다. 오히려 권세 있고 부잣집에서는 불효자는커녕 패륜아도 더러 보입니다.

왜일까요? 언제나 호의호식(好衣好食)하다 보니 더 좋은 것을 찾아 눈이 높아져서 마약, 도박, 여자 등에 빠져 부모 생각할 겨를이 없습니다. 자식들은 오히려 한 수 위라고 생각하여 '내가 무슨 짓을 해도 우리 부모님은 나를 구원해줄 것이다'라고 생각하기 때문에 범죄의 수렁에 빠지는 것은 어쩌면 당연한 것인지도 모릅니다.

그러므로 잘나가는 자식이라도 가끔 제재를 가해야 합니다. 부잣집 자녀들은 나태하고 나약해지기 쉽습니다. 학교 교육도 필요하지만 밥상머리 교육도 소홀히 해서는 안 됩니다. |

피는 물보다 진하다

형제 동기간(同氣間)이란 한 뿌리에서 갈라져 나간 가지일 뿐입니다.

때문에 험한 일도 궂은일도 형제 동기간의 몫입니다. 삼강오륜은 천추만대에 지워지지 않을 인간사의 근본인 것입니다.

다만 개도 안 먹는다는 그놈의 돈 때문에 형제간에 금이 가는 경우가 있었다는 소리를 들어본 적은 있습니다.

그러므로 서로가 애초부터 금전 문제라면 믿거나 의지하는 것은 신중에 신중을 기해야 옳습니다.

특히 금전 문제만 피해 갈 수 있다면 분명 피는 물보다 진한 것입니다.

성현 군자도 쓸개는 있다

성현(聖賢) 군자도 먹고 살아야 예절을 차릴 수 있는 법입니다. 저는 성현 군자는 못 되지만, 그렇기에 더욱 울분과 서러운 한(恨)이 사무치도록 가슴을 쳤습니다.

참새가 어찌 봉황의 깊은 뜻을 알겠습니까. 그러니 이 경험을 겪어보지 못한 분들은 함부로 왈가왈부하지 마십시오.

인간의 감정이 폭발하기 시작하면, 간이 배 밖으로 나오고 세상이 거꾸로 보입니다. 본래 하늘의 색은 푸르지 않습니까? 그러나 감정이 극도에 달하면 하늘이 노랗게 변했다, 빨갛게 변했다 하며, 세상 모든 인간이 마치 벌레처럼 보입니다. 귀하께서는 혹시 그런 경험을 해보셨습니까?

불초소생은 유경험자입니다. 결코 자랑할 만한 문제는 아닙니다만, 그때만은 못하지만 지금도 흥분된 상태입니다. 독자 여러분, 송구스럽습니다만 저는 세상을 원망한 적이 한두 번이 아니었습니다. 벗님네여, 부디 저와 같은 고통의 길은 가지 마시기를 간절히 바랍니다.

삶의 흔적

세월의 흔적이 여기에 있습니다. 얼굴에 주름살은 깊은 산골짜기를 말해주는 듯하고, 머리에는 함박눈이 소복소복 쌓여 있으며, 허리는 45도로 누가 보면 인사하는 줄 알 정도입니다. 이 모든 현실은 세월의 흐름을 이길 수 없다는 것을 보여줍니다.

부딪치고 넘어지고 나락에 떨어지고, 상처받고 고통스러워하는 것은 어찌 보면 당연한 것인지도 모릅니다. 이제 와서 누구를 원망하고 세상을 탓한들 달라질 것은 아무것도 없습니다.

그래도 울분과 분노가 떠올라 입술을 깨물어보지만, 모두가 부질없는 노릇이라는 것을 깨달았으니, 그저 움직일 수 있을 때 유람이나 하면서 곳곳마다 풍습과 음식 맛이나 실컷 경험할까 합니다.

우직한 아버지와 지혜로운 딸(이야기)

옛날 옛적 시골 마을에 한 홀아비가 살았는데, 시집갈 나이가 찬 과년(瓜年)한 딸이 하나 있었습니다. 사흘이 멀다 하고 중매쟁이가 집에 찾아와 딸의 혼사를 승낙해달라고 권했지만, 아버지 되는 분은 번번이 같은 말만 되풀이했습니다. "아직 저것이 제 입에 밥도 제대로 떠 넣지 못하는 철부지다" 라고 주장하며 중매쟁이를 돌려보내기 일쑤였지요.

부엌에서 이 소리를 듣고 있던 딸은 슬그머니 화가 치밀어 올랐습니다. 아버지는 딸의 속마음을 알 리 없이 계속 같은 말을 반복했고, 참다못한 딸은 꾀를 써보기로 결심했습니다.

딸은 좋은 술과 안주를 정성껏 준비하여 보따리에 챙겨주면서 아버지께 말했습니다. "아버지, 이 보따리 속에 술과 안주가 넉넉히 들었으니, 어디를 가시든 발길 닿는 대로 가시다가 물 좋고 정자 좋은 곳에서 맛있게 드시고 돌아오십시오." 그리고는 아버지의 등을 떠밀었습니다.

아버지는 술과 안주가 먹고 싶어 걸음을 재촉해 보았지만, 도무지 '물 좋고 정자 좋은 곳'은 나타나지 않았습니다. 아버지는 그제야 깨달았습니다. 딸의 혼사를 미루는 자신을 에둘러 비판하며, 세상의 인연이 쉽게 오는 것이 아님을 깨닫게 하려는 딸의 깊은 속마음이었습니다. 딸의 뜻을 헤아리지 못한 아버지로서 미안하고 부끄러웠습니다.

이후 모든 일은 원만하게 풀렸고, 부녀지간도 더욱 돈독하고 원만한 관계를 유지하며 모두 행복하게 잘 살았다는 이야기입니다.

변화하는 사회와 양성평등

예전에는 남존여비(男尊女卑)라 칭했지만, 지금은 여존남비(女尊男卑)라 해야 할 정도입니다. 첫째, 여자도 대통령을 할 수 있습니다.

둘째, 간통죄 폐지(빌미를 주었다).

셋째, 예전에는 일부다처제였으나 지금은 일부일처제로 바뀌었습니다.

넷째, 자녀를 여자의 성씨에 따라 호적에 등재할 수도 있습니다.

다섯째, 대부분 가정의 주도권을 여자가 쥐고 있습니다. 여섯째, 남자가 폭력의 피해자인 경우가 상당수라고 합니다. 일곱째, 경제적인 부분은 물론이고 힘든 부분은 모두 남자의 책임입니다.

여덟째, 화려하고 즐기는 문화 활동은 여자의 몫이라고 합니다.

아홉째, 여자의 지시에 따라야 합니다. 아니면 끝입니다.

열 번째, 국가의 정책과 제도, 입법과 사법의 책무가 상당 부분 있다고 생각합니다.

가정이 무너지고 사회가 혼란 속에 빠지면 국가가 온전할 수 있겠습니까?

조화로운 삶

함께 가야 합니다.

무분별하고 부절제하고 무책임한 사람이 있다면, 발전과 성공을 도모하는 것이 모래 위에 성을 쌓는 것이나 다를 게 무엇이겠습니까?

'네 팔이 흔들려야 내 팔이 흔들린다'는 말처럼, 같은 곳을 바라보고 함께 가야 합니다.

한 사람은 물놀이를 가겠다 하고, 한 사람은 등산을 가겠다 하고, 한 사람은 고두밥을 좋아하고 한 사람은 진밥을 좋아하고, 한 사람은 채식을 좋아하고 한 사람은 육식을 좋아한다면, 만에 하나 이와 같은 가정이 있다면 더 늦기 전에 해결책을 모색해 보는 것이 옳지 않겠습니까?

무속인을 찾아가시든, 가정의학과를 찾아가시든, 둘 중에 어느 것이든 선택하셔야 합니다.

소박한 꿈(행복)

인간의 진정한 행복이란, 남자는 밭을 갈아 씨를 뿌리고 여자는 밥을 짓고 빨래를 하면서, 남자는 가족을 돌보고 여자는 바느질을 할 때, 아내의 무릎을 베고 누우면 귀 청소를 해 주고, 여자가 주방에서 설거지를 할 때 살며시 다가가서 지긋이 보듬어 주는 것이 부부의 역할이며 의무이자 책무라고 생각합니다.

여기에 진정한 외조란, 부인이 손님을 접대하고자 할 때 부족함이 없도록 해야 하고, 집에 빚 받으러 오는 사람이 없도록 해야 하며, 밖에 나가 남에게 사과할 일을 만들면 안 됩니다.

진정한 내조란, 남편이 앞서가고자 할 때 지는 척 한 발 비켜서 주고, 남편이 무슨 일을 행하고자 할 때 한쪽 눈을 지긋이 감아 줄 수 있는 부부라면, 천생연분이고 금상첨화(錦上添花)일 것이라 생각합니다.

모정(母情)의 부재

나갈 때는 문턱이 낮았지만 돌아올 생각은 꿈에도 하지 마라.

애틋한 모성애는 동네 개가 먹었느냐?

어디서 사는지 어떻게 살고 있는지 풍문으로 듣고 있다. 가슴에 옹이가 되어 박혀 버렸지만, 모래 위의 발자국처럼 언젠가는 지워질 날이 있겠지.

살다 보면 다 잊을 날이 있으리라.

'남의 눈에 눈물 내면 내 눈에는 피눈물 난다' 더라.

부모님 전상서(편지)

아버님, 어머님께 올립니다.

낳아주시고 길러주신 은혜에 진심으로 고맙고 감사드립니다. 막내아들 재수, 이제 서야 일자상서(一字上書) 올립니다.

세월은 유수와 같이 흘러, 어머님이 떠나신 지도 어언 70년, 아버님이 떠나신 지도 65년이나 흘렀습니다.

저희 다섯 아들과 딸 둘 칠남매 비가 오면 비 맞을세라, 눈이 오면 눈 맞을세라, 바람 불면 흔들릴세라, 험한 세상 넘어질세라 애지중지 금지옥엽(金枝玉葉) 키워주신 은혜 존경스럽고 자랑스럽고 감사합니다.

6.25 전쟁 중에도 저희 4형제를 군에 입대시키시어 손톱하나 상하지 않고 무사히 복무를 마치고 전역할 수 있었던 것도, 모두 조상님의 덕이요 부모님의 크신 복이었다고 생각됩니다. 형제자매 모두를 시집 · 장가보내 분가까지 시켜 남부럽지 않게 살 수 있도록 힘써주신 것 역시, 어디까지나 부모님의 능력이며 홍복인 것입니다.

아버님, 어머님 참으로 수고 많으셨습니다. 존경하고, 사랑합니다.

막내아들 재수는 아버님의 유지를 받들고자 부단히 노력은 했습니다만, 아버님의 업적에 비하면 겨우 흉내 내기에 불과합니다. 재수도 이제 인생의 고개를 훌쩍 넘기면서 정의를 지키며 살아간다는 것이 말처럼 쉽지만은 않았으나 큰 보람도 있었습니다.

두 분께서는 부디 이승의 걱정은 잊으시고 편히 놓으십시오. 부모님의 묘소는 제가 성심껏 관리하고 있습니다. 이제 두 분께서는 두 손 마주잡으시고 팔도강산 유람이나 즐기시면서 유유자적 하시옵소서.

저 역시 부모님 곁으로 갈 날을 조용히 찾고 있는 중입니다.

불초 막내아들 재수 올림

강원특별자치도 삼척시 도계읍 도계로 120-9 휴진 3리
주공 6동 302호 김재수

강원특별자치도 삼척시 도계읍 산기리
김 형字 택字 강씨 님께 올립니다.

물레방아 도는 고향

고향 떠난 지 칠십 년, 회한(悔恨)만 남았습니다.

산 좋고 물 좋고, 인심 좋은 곳 산기천. 그곳은 한겨울에도 물이 얼지 않고 물안개 자욱이 피어나는 곳 산기천. 맑고도 아름다운 고향 산기천.

옛 친구들과 목욕하며 물고기 잡아 놀던 그 시절 내 고향이 그립습니다. 양지쪽에 울창하게 솟아있던 대나무 숲은 물새들의 쉼터였었지요.

세월이 흘러 옛 친구들의 소식은 끊어졌고, 아련한 추억들만 새록새록 떠오릅니다. 문득 고향 집의 물레방아는 오늘도 변함없이 돌아가고 있는지 궁금해집니다.

어버이날에 부쳐

2025년 5월 8일 국가에서는 부모님의 은혜를 단 하루라도 기억하고 기리기 위해 특별히 지정해 놓은 날입니다.

예전 농경사회에서는 일 년 365일이 모두 어버이를 섬기는 날이었고, 방방곡곡에서 효자 효녀가 있다는 소문이 끊이지 않게 들리곤 했습니다. 어찌 된 일인지, 산업사회로 바뀌면서 보릿고개는 사라지고 문명과 문화는 눈부시게 발전했지만, 이제 어느 고장에 효자가 있다는 방송은 들어본 적이 전무합니다.

어떤 이들은 과거에는 모유를 먹고 자랐지만 지금은 모두 우유를 먹여 키웠기에, 자녀들이 부모의 온기를 느끼지 못한다는 말이 설득력을 얻고 있다고 주장합니다. 또한, 아이를 하나만 낳아 오냐오냐 기르다 보니 부모는 머슴이 되고 자식은 상전인 줄 안다는 씁쓸한 이야기도 심심찮게 들려옵니다.

어찌 되었든, 노부모의 입장에서는 지금의 현실이 서글픈 일이 아닐 수 없습니다. 시대가 시대인 만큼, 자녀들이 자주 찾아뵙지는 못하더라도 전화 한 통화라도 걸어 준다면 그저 고맙게 생각하는 수밖에는 다른 방법이 없는 것이 오늘날의 현실입니다.

버선 목

진주야, 너에게는 대단히 부담스러운 일인 줄 알면서도 내 육신의 욕심을 부려서 미안하구나. 다름이 아니라 수산이 말이다. 덧없는 세월 앞에 녀석도 50 고개를 넘었구나. 철들 나이도 지난 듯싶은데, 아직도 저러니 말이다.

나는 오래전부터 울지 못하는 닭이 되었고, 짖지 못하는 개였느니라. 그렇다고 버선 목처럼 뒤집어 보일 수도 없어, 이러지도 저러지도 못해 난감하구나. 빈대를 잡고자 초가삼간을 태워버려야 하는 우를 범할 수는 없지 않느냐? 내 심정을 알고 있을지 모르겠다.

녀석도 한 여자의 남편이며 두 아들의 아버지가 아닌가 말이다. 머지않은 장래에 할아버지 소리도 들을 텐데, 동서고금에 뿌리 없는 나무가 존재할 수 있을까? 삼강오륜, 인의예지는 만고불변의 이치가 아닌가. 왕대 그루에는 왕대가 나고, 시누대 그루에는 시누대가 나는 법이다.

시간은 촉박하고 이대로 죽기에는 너무 억울해서, 잘하고 있는 너에게까지 부담을 주게 되어 미안하구나. 이해를 부탁한다. 피는 물보다 진하며, 부모가 돌아가신 후에도 서로 의지해야 하며 살아가야한다.

믿음과 현실

믿을까요, 말까요? 하나님이 거짓말을 한 것인지, 아니면 하나님을 거짓말쟁이로 만드는 것인지. 좌우지간 둘 중의 하나는 거짓말이라고 나는 확신하고 있습니다.

왜냐하면 "하나님께 기도하면 2~3일만 아프다가 홀연히 떠날 수 있다"는 어느 설교자의 말 때문입니다. 그 말대로 이루어질 수만 있다면 교회를 나오지 말라고 한다 해도 하나님 앞에 사람들은 구름같이 몰려들 것이라 생각합니다.

아무리 인명은 재천(在天)이라고는 하지만, 그것은 어디까지나 그것이고 이것은 결코 이것이라 확신하고 있기에 아마도 나는 이 현실을 받아들이지 못할 것입니다.

인간의 시작과 끝이 원하는 대로 될 수만 있다면 걱정은 무슨 걱정이며 문제 될 게 있단 말입니까? 나약한 우리 인간은 땀 흘려 노력은 하지 않고 남보다 더 행복해지려 하며, 성경책만 끼고 하나님 앞에 나가면 만사형통인 줄 알더란 말입니다

국제화 시대와 인과응보

21세기 글로벌(세계화) 시대를 도래하면서 외부 문물이 밀물처럼 밀려들어오고 있습니다. 이제 단군의 자손들이 이루는 단일 민족이라는 말은 옛말이 되었죠. 한 집 걸러 다문화 가정이 있을 정도로 우리는 피부색도, 생긴 모습도 다양한 현실 속에 살고 있습니다. 이는 이제 그 누구도 막을 수 없는 엄연한 현실입니다.

얼마 전 시장에서 식자재를 구매하면서, 저는 망설임 없이 중국산을 선택했습니다. 가격은 40~50% 저렴했습니다. 중국산을 구매함으로써 가격에 속아 물건을 잘못 산 것은 아닌가 하는 의심이나 찜찜함을 느끼는 것조차 완전히 차단해 버렸으니까 말입니다.

여러분, 제가 잘했습니까?

인과응보: 세상에 던지는 분노

인과응보!

단란했던 가족들의 인생까지 송두리째 짓밟아 버린 인간아!

의욕도 희망마저도 앗아가 버린 인간아! 서로 믿고 살아야 할 세상인데, 혼자만의 이익을 좇는 짓거리! 정신 줄을 놓았으면 눈치라도 온전해야지.

남의 눈에 피눈물 내면 제 눈에는 피고름 나는 것을. 그래서 자고로 인과응보라고 하는 법이지. 점잖지 못하게 차마 욕은 입에 담을 수 없어 '일팔 일팔'하겠네.

고통의 몸부림

역지사지(易地思之) 하옵소서. 삼척시 도계읍 홍전리 산 40번지 시묘살이라도 할 것처럼 산소 옆에다 컨테이너를 안착시켜 놓고 손때 묻은 유품들을 하나씩 정리하고 있는 중입니다.

왜 나는 늘 남들이 꺼리는 일만 골라서 하고 있을까? 여러분들의 이해와 용서가 꼭 필요합니다.

세상 보기에 매우 부끄럽습니다만, 저로서는 공든 탑이 무너지고, 믿는 도끼에 발등 찍히고 배신당하며, 절치부심 끝에 백척간두(百尺竿頭)에서 아슬아슬하게 살아온 것이 평생의 깊은 한(恨)으로 남아 있습니다.

이제 선택의 여지없이 마지막 몸부림을 치고 있는 것입니다. 내가 세상을 떠난 먼 훗날, 나의 흔적들이 곳곳에 남아 보는 이들로 하여금 영혼이라도 위로받고 싶은 심정이 간절합니다. 여러분들의 넓은 이해와 용서가 꼭 필요합니다.

인생은 고해다

인생은 고해(苦海)다. 나는 슬프고, 서글프다.

1942년 어느 봄날, 강남 갔던 제비도 돌아온다는 음력 삼월 삼짇날, 물레방앗간 집 5남 2녀 중 막내아들로 세상에 왔다.

이루고 싶은 것도 많았고, 누리고 싶은 것도 없지 않으나, 결국 인생은 공허한 것이더라. 부질없는 삶 때문에 고통만 더해갔을 뿐이고, 남은 것은 아무것도 없구나.

수많은 발길에 차이고 밟히면서 흔적도 남기지 못한 채 바람과 함께 사라지고 마는구나.

누가 인생을 고해라 했던가.

사람은 서울로, 말은 제주로

"진주야, 아버지 김재수는 자식들에게 공부나 많이 가르치고 유산이라도 남보다 더 많이 물려줘야 하는데, 그러지는 못하더라도 하다못해 마음이라도 편하게 해줘야 하는데 그것마저 뜻대로 되지 못해 미안하구나.

일찍이 배우지도 못했으며 가진 것도 별로 없다 보니 언제나 모든 것이 말뿐이었구나. 많은 사람들이 "저 사람은 배우지 못한 것이 어쩌면 천만다행한 일인지도 모를 일이다."

"저 사람은 남들만큼 배웠더라면..." 하는 기대와 우려, 조심스러운 눈빛과 감정을 수없이 봐왔단다. 어려운 일에는 용감히 나섰고, 약자를 앞에 두고는 온몸을 던져 도왔으며 발길이 떨어지질 않았으니 말이다. 권력 앞에서는 호랑이도 고양이로 보였으며, 언제 어디서나 할 말은 주저 없이 했던 것이 나다. 내가 한 말에는 그 어느 누구도 토를 달수가 없었다. 뿐만 아니라 부러지면 부러졌지 휘어지는 것은 죽기보다 싫었었는데, 지금은 고양이를 봐도 호랑이로 보이니 어쩌면 좋으냐. 아들아, 진주야. 인생의 무상함이 여기에 있었구나.

버선 목

너에게는 대단히 부담스러운 일인 줄을 알면서도 무례하게 내 입장만 전하게 되어 정말 미안하구나. 다름이 아니라, 수산이 말이다. 덧없는 세월 앞에 수산이도 50을 넘겼구나. 이제는 철든 나이가 된 듯한데, 왠지 아직도 나를 원망하고 있는 듯싶어 매우 안타까운 심정이다.

'세상에 제 새끼 잡아먹는 호랑이 없다' 했건만, 나는 오래전부터 울지 못하는 닭이 되었고 짖지 못하는 개가 되었느니라. 이대로 죽기에는 너무 억울하고 통탄스럽기는 하지만, 그렇다고 버선 목처럼 뒤집어 보일 수도 없는 난감한 노릇이 아니냐.

죽은 자는 말이 없는 법이니, 하루라도 앞당겨서 모든 원망을 안고 떠날 수만 있다면 나 역시 이 꼴 저 꼴 안 보고 얼마나 좋겠느냐? 그런데 그것이 어디 말처럼 쉬운 일인가 말이다. 그 사람이 언제 가서 변할지는 기약조차 없으니, 마냥 기다리기에는 시간이 너무나 촉박해서, 잘하고 있는 김진주 너의 입장만 난처해지는구나.

이 모든 일은 못난 아버지를 둔 탓이니라.

우표 없는 편지

사랑하는 세 아들들에게,

우표 없는 이 편지를 쓰고 또 쓰다 보니 한 세월이 훌쩍 지나갔구나.

한결같이 비운(悲運)의 아버지는 인생의 끝자락에 서서 남몰래 흘린 눈물이 실개천이 되어 흐르고 있단다. 육신의 고통스러운 몸부림은 들판에 홀로 서 있는 허수아비를 닮았구나.

땅이 꺼져라 하고 내쉬는 한숨은 어제도, 오늘도, 그리고 내일도 멈추지 않는다.

이룬 것은 없고 아쉬움은 태산도 부족할 만큼 가득한데, 행여 이 우표 없는 편지를 너희가 뿌리치면 어쩌나 하는 마음에 아버지는 두렵고 또 두렵구나.

죽마고우 김대수에게

아련한 추억들이 주마등처럼 지나간다. 자네가 떠난 지도 어언 삼 년 세월이 흘렀네. 9월 10일이면 자네의 83회 생일일세.

북망산천 가는 길이 뭐가 그리도 급했던가? 휴대폰을 두고 떠난 모양이야. 그렇지 않고서야 삼 년 동안이나 소식을 끊고 지낼 자네가 아닌데 말이야. 하도 자네 안부가 궁금해서 이렇게 영상 편지나마 전하고 있는 중이라네. 너무 늦었다. 마음에 두지 마시게나.

자네 떠난 빈자리가 이토록 크게 느껴질 줄이야 예전에는 미처 몰랐다네. 자네가 없는 나는 불 꺼진 항구요, 열차 떠난 플랫폼 같네. 잠시만 기다려주시게나. 머지않아 자네 곁으로 찾아가리다.

자네의 벗 김재수가 영상 편지를 띄우네.

김재수가

인과응보

가족들의 인생과 행복을 송두리째 파괴한 너! 남의 눈에 피눈물 내면 자기 눈에서는 피고름 나오는 법이다. 한 번 잘못 발을 들이면 천 길 만 길 낭떠러진 길인 것을 왜 몰랐느냐?

이제 병에 걸려서 오랜 시간 고통받고, 현대 의학으로서도 답이 없으니, 고통받고 신음하는 소리가 여기까지 들리고 있지 않은가. 그것이 바로 인과응보가 아니던가 말이야.

연구 대상

자기 주제 파악도 못 하면서 분에 넘치는 것을 바라는 웃기는 사람. 자기의 일거수일투족(一擧手一投足)이 옆 사람에게 폐가 되는 것을 왜 모를까? 자기의 몸가짐 매무새가 이웃에게 부담이 되는 줄도 모르고, 들어가는 대로 삼키고 나오는 대로 뽑아버리는 몰상식하기 짝이 없는 사람.

이웃에 흙탕물이나 튀긴다. 이런 사람을 낳아 기른 사람은 누구이며, 이 사람의 이세는 과연 어디까지인가? 연구 대상이 아닐 수 없다. 콧구멍이 두 개인 것은 천만다행이며, 목불인견(目不忍見)이다. 치마가 길면 저고리가 짧다.

굼벵이도 구르는 재주가 있다.

2부

속담

1.

시주는 못할지언정 쪽박은 깨지 마라.
내 손으로 키운 개가 발뒤꿈치 문다.
믿는 도끼에 발등 찍힌다.
남의 손의 떡이 더 커 보인다.
사촌이 논을 사면 배가 아프다.
당신네 담 아니면 우리집 소뿔이 왜 빠지나?
궁하면 통한다.
남을 물에 넣으려면 자기가 먼저 물에 들어가야 한다.
낮말은 새가 듣고 밤 말은 쥐가 듣는다.
발 없는 말이 천 리 간다.
부전자전(父傳子傳)이고 모전여전(母傳女傳)이다.
가재는 게 편이고 초록은 동색이다.
툭하면 울타리 넘어 호박 떨어지는 소리다.
깊은 샘은 마르지 않는다.
제 두레박 끈이 짧은 줄은 모르고 우물만 깊다고 탓하더라.
호랑이는 무섭고 가죽은 탐이 난다.
사람은 태어나면 서울로 보내고, 망아지는 태어나면 제주로 보낸다.
아는 만큼 보인다

2.

욕은 듣는 놈이 먹고, 고기는 먹은 놈이 물 켠다.
세 살 버릇 여든까지 간다.
산이 높으면 골이 깊고, 저고리가 짧으면 치마가 길다.
서방의 매도 너무 맞으면 서럽다.
육갑하는 머슴을 두면 농사 폐농한다.
급하다고 바늘허리에 실을 매어 못 쓴다.
급할수록 돌아가라.
천 리 길도 한 걸음부터.
첫술에 배부르랴.
햇비둘기 재를 못 넘는다.
참새가 어찌 봉황의 뜻을 알리오.
뱁새가 황새 따라가면 가랑이가 찢어진다.
어물전 망신은 꼴뚜기가 시킨다.
준치는 썩어도 준치이다.
우물가에서 숭늉 찾는다.
열 길 물속은 알아도 한 길 사람 속은 모른다.
누이 좋고 매부 좋고.
귀신 씨나락 까먹는 소리한다

3.

물은 건너봐야 알고 사람은 겪어봐야 알 수 있다.
호미로 막을 것을 가래로 막는다.
아니 땐 굴뚝에 연기 날까?
먼 데 장꾼이 먼저 떠난다.
동물을 구제하면 은혜를 갚아도, 사람을 구제하면 해가 돌아온다.
왼손이 하는 일을 오른손이 모르게 하라.
가난은 나랏님도 구제 못 한다.
십 년 가는 권세 없고 열흘 붉은 꽃 없다.
음지(陰地)도 양지(陽地)될 때 있다.
쥐구멍에도 볕들 날 있다.
개구리가 올챙이 시절을 모른다.
하룻강아지 범 무서운 줄 모른다.
목마른 사람이 샘 판다.
손뼉도 마주쳐야 소리가 난다.
백지장도 맞들면 낫다.
원수는 외나무다리에서 만난다.
벼슬은 높이고 뜻은 낮추어라.
되로 주고 말로 받는다.

4.

입은 삐뚤어 져도 말은 바로 해라.
말 잘하고 뺨 맞는 법 없다.
말 한마디로 천 냥 빚을 갚는다.
눈치가 있으면 절간에서도 새우젓을 얻어 먹는다.
중이 제 머리 못 깎는다.
하기 싫은 염불을 하면 목탁이 깨진다.
중이 고기 맛을 보면 절간에 빈대가 남아나지 않는다.
중이 염불은 하기 싫고, 잿밥에만 눈이 가 있다.
비둘기는 온통 콩밭에만 마음이 가 있다.
오얏나무 밑에서는 의관을 고쳐 쓰지 말고, 오이밭에서는 신발 끈을 고쳐 매지 말라.
하늘을 봐야 별을 따지.
잠을 자야 꿈을 꾸고, 꿈을 꾸어야 님을 만난다.
절이 싫으면 중이 떠나야 한다.
남의 눈에 눈물 나게 하면 내 눈에는 피눈물 난다.
죄는 지은 대로 가고, 물은 닦은 대로 흐른다.
때린 자는 다리 오그리고 자도, 맞은 자는 다리 펴고 잔다.
오소리 감투 셋 걸린 집에는 중매 말도 하지 마라.
소문난 잔치에 먹을 것이 없고, 말 좋은 집에 장맛이 쓰다.

5.

재목 될 나무는 떡잎부터 알 수 있다.
굽은 나무는 산을 지키고, 못 배운 자식은 부모를 지킨다.
문 바른 집에는 바람이 들고 입 바른 집에는 독이 들어온다.
우습게 본 나무가 당신을 친다.
새끼 잡아먹는 호랑이 없고, 팔은 안으로 굽는다.
피는 물보다 진하다.
천둥 칠 때면 모두가 같은 마음이다.
흐르는 물이라도 떠 놓는 것이 정성이다.
냉수도 위아래가 있다.
인사는 먼저 본 사람이 하는 것이 순서이다.
울타리 두고 나무 걱정하는 여자, 실없는 여자.
마누라 두고 자식 걱정하는 남자, 실없는 남자.
귀신 듣는 데 떡 말 하지 마라.
처제 떡도 싸야 사 먹는다.
서툰 무당이 마당 나무란다.
덤불이 커야 품계비가 나온다.
얻은 떡이 두 개 반이다.
떡 줄 사람 생각도 없는데 김칫국부터 마신다.
소경이 자기는 어두운 생각은 하지 않고 개천을 원망하더라.

6.

장사꾼 밑진다, 노인네들 죽어야지, 노처녀 시집 안 간다.

(삼대 거짓말)

안 되면 조상 탓 잘되면 내탓.

아이 못 낳는 여자 태몽만 꾼다.

하늘을 봐야 별을 따지.

국수 못 하는 여자 암반 나무라고, 서툰 목수가 연장 나무란다.

공자님 앞에서 문자 쓴다.

개 새끼는 나는 것 족족 찡는다.

왕대 그루에는 왕대 나고, 시누대 그루에는 시누대 난다.

서당 개 삼 년이면 풍월을 읊고, 식당 개 삼 년이면 국물 끓인다.

콩 심은 데는 콩 나고, 팥 심은 데는 팥 난다.

송아지 제 형 보듯 하고, 개 소금 보듯 한다.

미운 아이 떡 하나 더 준다.

하늘이 울 때마다 벼락 칠까?

천도깨비 죄를 짓고 고목나무 벼락 맞는다.

가는 사람 돌로 치고, 오는 사람 떡으로 친다.

아들을 낳으면 기차 타지만, 딸을 낳으면 비행기 탄다.

7.

이웃 간에 암소 한 마리 가지고 다투지 마라.
인내는 쓰다. 그러나 그 열매는 달다.
참을 인(忍)자 세 번만 생각하면 살인도 피할 수 있다.
지구가 멸망한다 해도 한 그루의 사과나무를 심으리라.
봄에 씨앗을 뿌리지 않으면 가을에 거둘 것이 없다.
젊어서 부지런히 일하지 않으면 늙어서 고생한다.
도전하는 자는 쟁취할 수 있다.
머니 머니해도 세상에서 가장 힘이 센 사람은 사람의 마음을 움직이는 사람이다.
무거운 짐을 지느니 가벼운 복을 빌어야 한다.
놓친 고기가 더 크다.
서울 가 본 사람보다 안 가 본 사람이 이긴다.
지는 것이 곧 이기는 것이다.
시집살이는 살아가면 갈수록 더 힘들다.
예전에는 법으로 살았는데, 지금은 사랑으로 사는 것 같다.
거지가 자루 만들 시간이 없다.
김 매기 싫은 놈 밭고랑만 센다.
가는 말이 고와야 오는 말이 곱다.
긴병에 효자 없다.

8.

부엉이 꿩세 듯 한다. (하나 둘 하나 둘)
든 돌이 있어야 얼굴이 붉어진다.
안방에서는 시어머니 말이 옳고, 부엌에서는 며느리 말이 옳다.
사람은 이목에 매여 있고, 귀신은 경문에 매여 있다.
왜 꿀 먹은 벙어리가 됐느냐? 벙어리 냉가슴 앓고 있다.
열 번 찍어 안 넘어가는 나무 없다.
호랑이에게 물려가도 정신만 차리면 산다.
일소일소(一笑一少)이고 일노일노(一怒一老)이다.
빈대를 잡으려다 초가삼간 태운다.
이가 없으면 잇몸으로 살아야지.
농부는 씨앗을 베고 죽는다.
양반은 물에 빠져도 개헤엄은 치지 않는다.
백정은 버들가지를 물고 죽는다.
나그네는 고향 쪽으로 머리를 두고 죽는다.
무자식이 상팔자다.
도둑을 맞으려니 개도 안 짖는다.
소 잃고 외양간 고친다.
못된 송아지 엉덩이에 뿔 난다.

9.

못난 여자 키만 크고, 못난 남자 덩치만 크더라.
북향에 묘자리 된 데 없고, 텁석뿌리 사람된 데 없더라.
형만한 아우 없다.
친구 따라 강남 간다.
닭 쫓던 개 지붕 쳐다본다.
참새가 방앗간을 그냥 지나치랴.
내 주먹이 나가야 남의 눈이 빠진다.
꿩 대신 닭이다.
서울은 눈감으면 코 베어 간다.
이웃집 처녀 믿다가 장가 못 간다.
외손자를 귀여워하느니 차라리 방아 공이를 귀여워하라.
손자를 귀여워하면 할아버지 상투를 든다.
잘 가는 말도 천 리, 못 가는 말도 천 리.
의붓아버지 떡 치는 옆에는 가더라도, 친아버지 도리깨질하는 날에는 가지 마라.
노력하는 자는 천재도 이길 수 있다.
신용은 자산이고, 약속은 현금이다.
원님 덕에 나팔 분다.
가랑비에 옷 젖는다.

10.

소낙비는 피해 가고, 눈은 맞으며 가라
나물날 골은 입새부터 안다.
실패는 성공의 어머니다.
칠전팔기(七顚八起)는 누구에게나 있을 수 있는 일이다.
사기를 당하는 것은 오로지 욕심 때문이다.
넘치는 것은 모자람만 못하다. (과유불급)
아는 길도 물어 가라.
돌다리가 없으면 신발을 벗고 건너야 한다.
흉년에 아이는 배 터져 죽고, 어른은 배 곯아 죽는다.
백세시대가 능사는 아니다. 준비된 자만 누릴 수 있다.
돌다리도 두드려보고 건너라.
권력 때문에 위대하게 보이는 것은 아닐지요?
돈 때문에 거룩해 보이는 것은 아닙니까?
모난 돌이 정을 맞는다.
의가 아니면 천하를 주어도 받지 마라.
웃는 낯에 침 못 뱉는다.
강 건너 불 구경하듯 한다.
물은 흘러가고 자갈만 남는다.
쌀 먹던 개는 안 들키고, 겨 먹던 개가 들킨다.

11.

솔잎이 버썩하니 가랑잎은 할 말이 없다.
울면서 겨자 먹는다.
봉사가 제 닭 잡아먹는다.
바늘 도둑이 소 도둑 된다.
종로에서 뺨 맞고 한강에서 눈 흘긴다.
물에 빠진 사람 건져 줬더니 보따리 내놓으라 한다.
새우 싸움에 고래 등 터진다.
엿장수가 가위를 몇 번 치느냐는 엿장수 마음이다.
가마솥이 솥밑 구멍 보고 저절로 끓는다.
자기 폭이 쉰 대자이면서 남을 나무란다.
울고 싶은데 뺨때리는 격이다.
주인집 장 떨어지자 나그네 국 마단다.
빌어먹는 놈은 자다가도 요강을 찬다.
말 타면 정매꾼 두고 싶은 것은 인지상정이다.
도둑이 제 발 저린다.
똥 싼 놈이 성낸다.
닭 잡아먹고 오리발 내놓는다.
남의 것을 먹으려다 염치(廉恥)를 잃는다.
우습게 본 나무가 음랑을 때린다.

12.

까마귀는 어느 것이 수놈인지 암놈인지 모른다.
여자는 사랑을 먹고 살지만, 남자는 자존심을 먹고 산다.
등잔 밑이 어둡다.
동창이 훤하니 아침인 줄 알고, 밥그릇이 높으니 생일인 줄만 알더라.
제 배가 부르니 남의 배도 부른 줄 안다.
우물 안 개구리가 바깥세상을 어찌 알까.
눈먼 말이 요강에 똥 싸는 것 보고 따라간다.
기는 놈 위에 나는 놈 있다.
키 큰 사람 집에 내려 먹을 것 없고, 키 작은 사람 집에 주어 먹을 것 없더라.
목수는 깎아서 먹고, 대장장이는 늘려서 먹는다.
소금 먹은 놈이 물 켠다.
송충이는 솔잎을 먹어야지 갈잎을 먹으면 죽는다.
여우하고는 살아도 곰하고는 못 산다.
노름꾼은 본전 찾으려다 망하고, 술꾼은 외상 갚을 때 망한다.
과부는 쌀이 서 말이고, 홀아비는 이가 서 말이다.
외갓집 콩죽에 잔뼈 굵었겠나.

13.

가는 말도 채찍질한다.
찢는 방아도 손이 들어가야 한다.
흰떡에도 고물이 들어간다.
평양 감사도 제 싫다면 그만이다.
부뚜막에 소금도 집어넣어야 짜다.
칼은 칼집 속에 있을 때 힘이 있다.
밑 빠진 독에 물 붓기다.
엎질러진 물은 다시 담을 수 없다.
흘러간 물은 물레방아를 돌릴 수 없다.
원숭이도 나무에서 떨어질 수 있다.
사람은 이목에 매여 있고, 귀신은 경문에 매여 있다.
선생님의 그림자도 밟으면 안 된다.
호랑이를 보려거든 숲을 키워라.
고기를 씹어야 맛이고, 말은 해야 맛이다.
짚신도 제 짝이 좋다.
남아일언중천금(男兒一言重千金)이다.
불난 집에 부채질한다.
싸움은 말리고, 흥정은 붙이고.

14.

이 고을 풍습이 이런 줄 알았다면 징, 장구를 가져왔으면 좋았을 것을.
때리는 시어머니보다 말리는 시누이가 더 밉다.
돈은 앉아서 주고 서서 받는다.
산진 거북이요, 돌진 가재이다.
겉보리 서 말만 있으면 처가살이하랴.
선생 똥은 개도 안 먹는다.
괜한 제사에 어물 값만 든다.
해든 손이 더 시리다.
양쪽에 떡을 들었다. (진퇴양난)
언발에 오줌 누기다. (비봉책)
개발에도 땀 나느냐? (어불성설)
뽕도 따고 임도 보고. (일석이조)
노적가리에 불 지르고 싸라기 주워 먹는다.
부자는 망해도 삼 년 먹을 것이 있다.
양반 보고 욕하는 농사는 부자 보고 욕하는 물 가난한 놈.
길이 아니면 가지 말고, 말이 아니면 듣지를 말라.
서툰 의원이 생사람 잡는다.
사람 죽는 것은 생각지도 않고 팥죽만 생각하더라.

15.

수건 쓰고 돈 벌어 놓으면, 갓 쓴 놈이 써 버린다.
입은 거지는 얻어먹어도, 벗은 거지는 못 얻어먹는다.
고향 까마귀만 봐도 반갑다.
여자가 한을 품으면 오뉴월에도 서리가 내린다.
호랑이 앞에 강아지, 고양이 앞에 쥐
후레자식은 자다가 만져 봐도 안다.
자다가 남의 다리 긁는다.
빛 좋은 개살구다.
익었으면 검지나 말고, 시거든 짜지나 말지.
돌다리도 두드려보고 건너라.
사람이 술을 먹고 술이 술을 먹고, 술이 사람을 먹는다.
구렁이 담 넘어가듯 한다.
천상천하 유아독존(天上天下 唯我獨尊).
집에서 새던 바가지 들에서도 샌다.
빈 수레가 더 요란하다.
벼는 익을수록 고개를 숙인다.
집안 귀신이 사람이 잡는다.
가는 세월 잡지 못하고, 오는 백발 막지 못한다.
홍두깨 세 차례 맞고 달아나지 않을 소 없다.

16.

외가 없는 자손이 없다.
성인도 시속하다.
인생은 공수래공수거(空手來空手去).
채우려 하면 불행이 따르고, 비우고 살면 인생이 보인다.
하늘이 무너져도 솟아날 구멍은 있다.
국가에도 사정이 있고, 난리에도 피난이 있다.
사랑은 악마를 이길 수 있다.
엎드려 절 받기다.
업은 아이 삼 년 찾는다.
제 버릇 개 못 준다.
호랑이 새끼를 키웠다. (배은망덕)
꼬리가 길면 밟힌다.
아이들 싸움이 어른 싸움된다.
부모님 은혜는 백골난망(白骨難忘)이다.
옷은 새 옷이 좋고, 사람은 묵은 사람이 좋다.
똥이 무서워 피하나 더러워서 피하지.
먼 데 있는 친척은 이웃사촌만 못하다.
부부란 한 솥의 밥을 먹어야 하고, 한 이불속에 잠을 자야 한다.

17.

부모가 반효자가 돼야 자식이 효자가 된다.
자식이 귀하거든 따뜻한 곳에 두지 말고 찬 곳에 두라.
나중에 볼 나무라면 그루를 낮게 베어라.
밥상머리 교육이 절대적이다.
이치와 규범, 윤리와 도덕.
억울하면 출세를 하라.
실패는 성공의 어머니다.
병 주고 약 준다.
내가 하면 하얀색, 남이 하면 까만색.
내가 하면 로맨스, 남이 하면 불륜.
보기 좋은 떡이 먹기에도 좋다.
가는 말이 고와야 오는 말도 곱다.
시어머니 죽으니 안방 차지 내 차지.
시집살이하려면 귀머거리 삼 년, 벙어리 삼 년, 장님 삼 년.
벼룩의 간을 빼먹어라.
내 주먹이 나가야 남의 눈이 빠지지.
손 안 대고 코 풀기.
아는 것이 힘이다.
알아야 면장을 한다.

18.

소경 보고 길을 물어본다.
꿀 먹은 벙어리다.
꽃놀이도 한두 번이다.
못난 아제비 조카 보따리 진다.
누구 것을 덮어줘도 공이 없다.
신발 벗고 뛰어도 못 따라간다.
신 다리만 봐도 뭐 봤다 한다.
미친개는 몽둥이가 약이다.
이에는 이, 눈에는 눈.
똥물도 파도친다.
바람에 구름 가듯, 구름에 달 가듯이.
인생은 일장춘몽(一場春夢)이다.
공수래공수거이다.
오르지 못할 나무는 쳐다보지도 말라.
네가 왜 거기서 나와?
번갯불에 콩 구워 먹는다.
성격 급한 사람이 술값 낸다.
잘 가는 말도 영천장, 못 가는 말도 영천장.
욕을 영천놈 나무라듯 한다.

19.

우는 아이 젖 준다.
미운 아이 떡 하나 더 준다.
고양이가 쥐 생각한다.
쥐도 막다른 골목에서는 고양이를 문다.
화장실 갈 때 말 다르고, 올 때 말 다르다.
사돈집과 화장실은 멀수록 좋다.
오뉴월 통시에 냄새 안 나는 곳 없다.
독을 봐서 쥐를 못 잡는다.
까마귀 날자 배 떨어진다.
할금할금 보는 것보다 야금야금 먹는 게 낫다.
먹은 물에 뜸 없다.
번데기 앞에서 주름잡는다.
죽으려면 호랑이 고추는 못 만지나.
백 년도 못 살면서 천 년의 계획을 세운다.
남의 염병(染病)이 내 고뿔만 못하다.
내 배가 부르면 남의 배도 부른 줄 안다.
하던 일도 멍석 깔아 놓으면 안 한다.
친구 따라 강남 간다.
먹을 것 없는 집에는 손님도 오지 않는다.

20.

충신은 불사이군(不事二君)이요, 열녀는 불경이부(不更二夫)이다.
나비는 장다리밭에 신랑을 맺었고, 꾀꼬리는 버들 장막에 손님이 되었더라.
사공이 많으면 배가 산으로 간다.
매도 먼저 맞는 게 낫다.
호랑이에게 잡혀갈 줄 알았으면 산에는 왜 가?
사람 나고 돈 났지, 돈 나고 사람 난 것 아니다.
돈의 노예가 되지 말자.
개똥밭에 삼 년 있어도 황보 안 된다.
설마가 사람 잡는다.
혹시나 했더니 역시나더라.
하루 종일 가다 보면 중도 보고 절도 본다.
큰사람 밑에서는 덕을 볼 수 있지만, 큰 나무 밑에서는 해를 볼 수 있다.
인생은 새옹지마(塞翁之馬)다. 사는데까지 살아보자.
깨달은 사람 말이 깨달은 사람을 알아본다.
모르는 것은 쥐어줘도 모르더라.
배가 곯아본 사람만이 배고픈 심정 안다.

21.

사람이 늙기는 쉬우나, 배워 이루기는 어렵다.
싸우지 않고 이기는 장수가 제일 유능한 장수다.
천석꾼은 천 가지 걱정, 만석꾼은 만 가지 걱정.
일하지 않는 자는 먹을 권리도 없다.
부모를 봉양하지 않은 자식은 관 앞에서 울 권리도 없다.
외손자를 귀여워하느니 차라리 방아 공이를 귀여워하라.
남을 즐겁게 하는 것도 분명 재능이다.
손톱 밑의 가시는 알면서, 염통에 쉬 스는 것은 모른다.
민심을 얻으면 천하도 얻을 수 있다.
작은 것을 탐하다가 큰 것을 잃어버린다.
여장을 떼려고 염장 지르고, 새침데기는 골로 빠진다.
아픈 만큼 성숙해진다.
호랑이도 제 말하면 온다.
첫 술에 배부르랴.
소도 언덕이 있어야 비빈다.
얌전한 고양이가 부뚜막에 먼저 올라간다.
시어미 미우면 개 옆구리 찬다.
음식 싫은 것은 사흘이고, 장 싫은 것은 일 년이며, 사람 싫은 것은 백 년이더라.

22.

섶을 지고 불로 들어가려 한다.

사촌 망나니는 이종사촌이다.

노을이 지면 강 건너 소를 매지 마라.

죽 쒀 개 좋은 일 하고, 산중농사 너구리 좋은 일 한다.

배보다 배꼽이 더 크고, 기둥보다 서까래가 더 굵다.

추상(秋霜) 갑에 비가 오면 동상(冬霜)에 배를 댄다.

윗돌 빼서 아랫돌괴고, 아랫돌 빼서 윗돌 괴인다.

사람 밑에 사람 없고, 사람 위에 사람 없다.

왜 똥 밟은 인상이냐?

음주운전은 살인 행위이다.

경주 돌이면 다 옥돌인가.

암탉이 울면 집안이 망한다.

한 시를 참으면 백날이 편하다.

관(棺) 앞에서 참말하면 곽이 굴러간다.

처서에 비가 오면 독 안의 곡식이 준다.

애호박에 말뚝 박고, 옹달샘에 침뱉는다.

미친놈은 하늘도 못 말린다.

물에 빠진 사람 꼭지 누른다.

가는 세월 잡을 수 없고, 오는 백발 막을 수 없다.

23.

윗물이 맑아야 아랫물도 맑다.
미꾸라지 한 마리가 온 강물을 흐린다.
구슬이 서 말이라도 꿰어야 보배이다.
미운 오리 새끼, 아픈 손가락.
상추밭에 똥 싼 개는 저 개 저 개 한다.
가마를 쓰고 쏘에 들어가는구나.
닭이 먼저이냐, 달걀이 먼저이냐?
사람은 먹어야 살고, 살기 위해 먹는다.
살고자 하면 죽을 것이고 죽고자 하면 살 것이다.
부자 보고 욕하는 사람 가난한 사람, 양반 보고 욕하는 사람 쌍놈.
수염이 대자라도 먹어야 어른이다.
체면 차리다가 굴비 놓치고, 물 곬 내다가 얼어 죽는다.
거적문에 돌쩌귀 달고, 홍살문에 입춘 방 붙이기.
긁는 조개가 닳지, 솥바닥이 닳겠느냐?
일사일사백반사(一事一事百般事)요, 죽 그릇 팔자는 당팔자다.
기왕이면 다홍치마.
마당 터진 데 솔뿌리 걱정한다.
울지 못하는 닭이요, 짖지 못하는 개 꼴 이구나.

4 부

자작시

가을비

지난여름 폭염은
짜증나게 만들었고
기록적인 가뭄은
초목마저 애타게 만들었네
와중에도 지구는
돌아가고 있는가 보오

모처럼 내리는 비는
한기를 느끼게 하고
계절은 온 누리에
약속이나 한 듯 퍼졌다
와중에도 알밤은
여기저기에서 앞 다투어 떨어진다

양 어깨에 떨어지는 찬비는
내 인생을 슬프게 할 뿐이고…

가을의 전령사

가을의 전령사 코스모스
한들한들 바람 따라 춤을 추고
산들바람 산들산들
남자 마음 흔들어 놓는구나

고추잠자리 따라
날갯짓이 분주하고

어디론가 훌쩍
떠나고 싶은 중추가절(仲秋佳節)
님과 함께라면
금상첨화가 따로 있겠는가

코 끝에 느껴지는 바람

하늘은 한결 높아졌고
짜증나던 폭염마저도
고개를 숙이는구나

처마 밑 귀뚜라미 힘껏 울어대니
농부들의 곤한 잠을
여지없이 깨우는구나

들녘에는 어느새 빈 논바닥이 군데군데
창공의 기러기는 떠날 준비에 분주하구나

삼매경(三昧境)

月月 山山 하니
무색무취로세

인간은 서로서로 부대끼며 살아야지
단맛, 쓴맛, 신맛, 떫은맛, 매운맛을
너와 내가 주고 받으며 사는 것을

도무지 사람 사는 재미
시각, 청각, 후각 없이
무슨 낙(樂)으로 사는가?

술은 권하는 재미
싸움은 말리는 재미
흥정은 붙이는 재미!

청산리 벽계수

청산리 벽계수(壁溪水)야 수이 감을 자랑 마라
일도창해(一到滄海)하면 다시 오기 어려우니
명월(明月)이 만공산하니 쉬어감이 어떠하리

— 황진이

주막집

인생길 고갯마루에 주막집을 짓고
나그네 길손들에게 이정표나 되어 줄 것을

가도 가도 끝이 없는 인생 고갯길
굽이굽이 돌아도 빛이 없는 나그네 길
이다지도 힘든 길을 왜 가야만 하나?
이다지도 고달픈 고갯길을 왜 넘어야만 하는가?

조금 더 일찍이 알았더라면
바람 따라 구름 따라 흘러갈 것을 그랬나

옹이

내 가슴속에 줄기차게 살고 있는 한 사람
그 사람을 왜 아직까지 보내지 못하나

일찍이 잊어버려야 하는데 하면서도
보내지 못하는 것은
아파하면서도 잊지 못하는 것은

그것은 사랑 때문도 아니요, 정 때문도 아니라
너무나 깊이 박힌 옹이 때문일 것이라고

허상

포장마차 구석자리에 앉은
백발(白髮) 나그네야
오늘도 술잔을 붙잡고 떠날 줄 모르는구나

공든 탑이 무너지랴
공든 탑도 무너집니다

내 두 눈으로 똑똑히 보았고
뼈저리게 느꼈다

왜 사느냐고 물으신다면
"예, 죽지 못해 그저 살고 있노라고"

흔적

부끄러움을 아는 것은
동물이 아니라 사람인 것이다

동물과 다르게 살고 싶으면
이름 석 자에 부끄러움 없이 살아야 한다

인생의 흔적을 남기고 살면
내가 남긴 흔적은
내가 평가하는 것이 아니라
후세에 나를 기억하는
사람들의 평가할 몫이다

인생은 새옹지마

보기에도 아름다운 고고한 자태
백합 한 송이를 왜 혼자 두었나

활짝 피어보지도 못한 채
봉오리 꺾어서 던져 놓은 지
그 세월이 무릇 얼마였던가

순백의 자태
그 빛 잃지 말고 영원히 간직하렴
세상사 누가 아나

인생은 새옹지마
지성이면 감천(感天)인 것을

나무야 나무야

가는 세월 잡을 수 없고 오는 백발 막을 수 없으니
무엇을 더 아쉬워하고 무엇을 또 매달려 하리오
애달픈 세월의 한 자락을 잘라 낼 수만 있다면 모를까

염치라고는 참새의 눈물만큼도 없는 나그네야
그 나무가 얼마나 높은 줄도 모르면서
나그네는 오늘도 그 나무 밑을 서성이고 있구나

두견이 우는 밤

자시삼경(子時三更) 깊은 밤에
적막을 깨는 시계 종소리
잠 못 드는 나그네 마음 뼛속 깊이 울리는구나

이 밤도 잠 못 이루고 고향 생각 깊었는데
울지 마라 울지 마라 듣는 나그네 가슴 아프다

무정한 세월아

속절없이 흐르는 세월 따라
내 청춘도 흘러가고
고향의 흙냄새는
나를 부르는데

오십천도 흐르고
저 구름도 흘러가네

아련한 추억만 남아 있고
고향 땅은 산 넘어인데
야속한 세월은 말없이
오늘도 흐르고 있구나

뻐꾸기는 밤에도 운다

지금 배고파 있다
지금 목말라 있다

뭐라고 콕 찍어서 말하기는
그래도
배고파하고 목말라하는 것이 분명히 엿보인다

나누어야 하는데
베풀어야 하는데
움츠려 있으니 금쪽같은 시간들이
허송세월 하고 있다
밤은 자시삼경 깊어만 가는데

뻐꾸기는 또 무엇을 알고 싶어 하는구나

라일락은 피고 있는데

저 푸른 창공을 날고 싶어 한다
그러나 날개를 접은 지는 이미 오래
날 수 있을지는 자신도 모른다

포기해 버린 것인지
이대로 살기를 작정이라도 한 것인지

물은 흘러야 높이 솟아나듯
라일락은 피고 있는데

왜 날지 않을까?
못 나는 것일까?
안 나는 것일까?

인생은 고해다

외롭다
슬프다
매우 외롭고 슬프다
이런 날이 오리라 생각이나 했더냐
언제나 자신감이 넘쳤고
무슨 일이든 하면 모두 이루어졌는데

아! 외롭다
참! 슬프다

더위도 이겨 낼 수가 없고
추위도 이겨 낼 수가 없으니
어쩌면 좋으랴
이것이 인생이란 말이냐?

고장 난 나침반

이리 갈까 저리 갈까
가야 하나 말아야 하나
날이 가고 달아 가고 수많은 강산이 변했는데
이룬 것은 하나 없고 찬바람만 휑하니 분다

세월은 가겠노라
소리소리 기적 소리
발걸음은 천근만근
못 간다고 안 간다고

세월의 흔적은 곳곳에서 나타나고
삶의 상처는 아물 줄 모른다
있어 봐도 그렇고
살아 봐도 그렇고
바람 따라 구름 따라 떠나야 할까 보다

금쪽같은 내 새끼들

모진 인생 굽이마다 고개마다
어렵게도 버텨왔구나
우리 새끼들 잘 살고 있는지
이런 설음 저런 설움
눈칫밥을 먹고 있는 건 아닌지
손자 손녀들 아픈 데는 없는지
이런 생각 저런 생각
잠 못 들고 돌아눕는데

죽암산 자락에서
부엉이가 울어댄다
너마저 나와 같이 가족이
그리워서 잠 못 들고 우는구나

초록은 연년록(年年綠)하는데

청운의 꿈을 품고 고향을 뒤로했지만
속절없는 세월 앞에 청춘만 잃었구나

울울 창창 푸른 잎도
소슬한 찬바람에 오색 단풍 되더니
시들어 낙엽 될 줄이야

초록은 연년록 하지만
두 번 다시 없는 것이 인생인가 하노라

물은 역류를 하지 않는다

내 고향 산기천에 흐르는 맑은 물아
내가 본 것만 해도 팔십여 년
내가 보지 못한 날도 수천 수만 년
네가 보지 못할 날도 수천 수만 년

나는 너를 보고 인생을 배웠다
내 영혼도 너를 따라
수천 수만 년을 여울져 흐르련다

남자는 속으로 운다

절치부심 와신상담(臥薪嘗膽)
반세기를 버텨왔지만
끝없는 방랑길
집시 인생

변할 길 없어
바람에 구름에 인생을 맡겼다

버림받은 내 청춘
한이 많은 내 인생을
한 잔 술로 달래보지만
구멍 뚫린 이 가슴에
설움이 몰아친다
그래도 남자는 속으로 울어야 한다

울고 넘는 인생고개

인생길 열두 고개
고개마다 굽이마다 사연도 많았다오
고추담배보다 더 맵고 법보다 더 무섭다오

윗돌 빼서 아랫돌 괴고
아랫돌 빼서 윗돌 괴어도
공든 탑도 속절없이 무너지고

하늘이 알고 땅이 알랑가 몰라
인생은 세월 속에 묻는다 해도
하염없이 쏟아지는 눈물은 어찌하오리까

백약이 무효이더라

백약(百藥)이 무효(無效)이더라
얼마나 더 슬퍼해야
이 눈물 그칠 것이며
얼마나 더 아파해야
이 고통 멈출 것인가

세월이 가면 갈수록
상처는 더 깊어지고
세월이 가면 갈수록
치유 능력은 더 떨어지고

육체의 병이라면 약이라도 찾아볼 텐데
마음의 병이고 보니 약 조차도 없고
마음의 병이라면 백약이 무효이더라

인생 꽃

명사십리 해당화야
꽃 진다고 서러워 마라

메마른 모래밭에서
누구의 도움도 없이
끈기와 근성으로 자태를 뽐내다
이듬해 봄이 오면
그 모습 그대로 그 자리에 새롭게 피어낸다

인간은 네가 부러워 인생 꽃이라 부른다
인생도 너와 같이 갔다가
다시 올 수 있다면
금상첨화라 부를 텐데

악몽과 흉몽

늙어간다는 징조인가
때가 되었다는 신호인가
밤마다 눈만 감으면 악몽과 흉몽에 시달린다

잠들기가 두렵다
꿈도 근력으로 가는 것 같고
질병도 약자를 알아본나

똥이 개울에 떨어지니
미꾸라지가 공격하고
억울하면 출세해야 하고
당하기 싫으면 건강을 유지하자
후회해도 늦은 것이니까

인생

바람 따라 구름 따라
덧없이 흘러온 인생
눈이 오면 눈 맞으며
비가 오면 젖은 채로
죽암산 자락에서 떠날 날만 기다리네

욕심인지 통한인지

1권. 『오십천의 강물처럼』
2권. 『바람 따라 구름 따라』
3권. 『산 넘고 물 건너 나그네 가는 길』
4권. 『인생은 구름 나그네』
5권. 『죽암산 엘레지』
6권. 『남자는 속으로 운다』
7권. 『몸도 훌훌, 마음도 훌훌』
8권. 『청산에 살리라』
나는 에세이집을 여덟 번씩이나 냈다
욕심인지 통한인지 지금도 노을만 서럽구나

삼대 거짓말

첫 번째, 늙은이 – 죽고 싶다
두 번째, 장사꾼 – 밑지고 판다
세 번째, 노처녀 – 시집 안 간다

선택

가지 말라 해도 가는 세월
오지 말라 해도 오는 백발
붙잡아 줄 수 없는 것이 세월이라면
막아 낼 수 없는 것이 황혼이 아니던가

주어진 시간을 어떻게 활용하느냐
선택은 자유이지만
순간의 선택이 평생을 좌우한다

동숙의 노래

너무나도 그 님을 사랑했기에
그리움이 변해서 사무친 미움
원한 맺힌 마음에
잘못된 생각에
돌이킬 수 없는 죄 저질러놓고
뉘우치면서 울어 봐도
돌이킬 때는 늦으리 때는 늦으리

님 따라 가고픈 마음이건만
그대 따라 못 가는 서러운 미움
저주받을 운명이 끝나는 순간
님 품에 안기는
짧은 행복에
쉴 새 없이 흐르는
뜨거운 눈물

* 어느 고시생의 뒷바라지를 한 여공. 검사가 된 고시생은 여공을 떠났고 홀로 남은 여공의 애달픈 실화.

마음의 등불

흐르는 강물이라도
어찌 너의 어리석음을 씻을 수 있으랴
오로지 흐르는 세월만이
너의 깨달음을 기다릴 뿐
오장 육부에서 스스로 우러나오는 에너지만이
어두운 네 앞길을
밝혀 줄 수 있을 뿐

오는 봄, 가는 세월

입춘 지난 추위가
소한 대한을 능가했고
맹렬했던 추위도
꺾일 날이 있나 보다
청명 한식 훈풍에
고개를 숙이고
창문에 비친 햇살이
낮잠을 청한다

공허

오백 년 도읍지를 필마(匹馬)로 돌아드니
산천은 의구한데 인걸은 간 데 없네
요지일월(堯之日月)하고 순지건곤(舜之乾坤)하니
어즈버 태평년월(太平年月)이 꿈이런가 하노라.
— 야은 길재의 시조

선택은 자유다

하늘을 향해 머리 두고 사는 사람이
선과 악을 모를 리 있겠는가
어느 것은 되고 어느 것은 안 되는 것
악이 있기에 선이 빛나고
선이 있기에 악은 지탄 받는다
옳고 그름은 분별 하지만
순간의 유혹을 뿌리치지 못해
나락으로 떨어진다
순간의 선택이 평생을 좌우한다

망상

정의를 구현하고 불의를 퇴출하여
사람이 사람을 믿을 수 있고
불의는 갈 곳을 잃어
맑고 밝은 사회가 온누리에 퍼질 때
나는 비로소 영면에 들것이다.

바람아 구름아

발길이 닿는 대로
마음이 가는 대로
발길이 멈추는 곳이
마음이 머무는 곳이
이제 몇 걸음 남지 않아
이제 마음 쓸 곳도 별로야

저 구름이 가는 곳에
저 구름 머무는 곳에

소쩍새 우는 밤이면

뜨겁던 태양도 산 너머로 숨어버리고
온 누리에 땅 거미 지고
날던 새도 날개를 접고
길 가던 나그네도 주막을 찾아 드는구나

산천초목도 깊은 잠이 들고
우주 만물은 고요 속에 잠겼는데
소쩍새는 소쩍소쩍 잠 못 들어 슬피 울고
자시삼경 깊은 밤 눈망울은 초롱초롱

오늘도 이 한밤을 하얗게 지새우네

인생 역경

인생살이 살아보니
고추보다 맵고 범보다 무섭더라
태산도 부족할세라
쌓고 또 쌓았지만
돌아다보니 이룬 것이라고는
병풍 속의 그림이었네

갈 길은 멀고도 급한데
해는 서산마루에 걸렸네
"어서 가자, 빨리 가서 부모 형제나 만나보자"
몸과 마음은 갈 곳을 잃었고
가슴속에는 깊이깊이 새겨진
그 이름 석 자 때문에

인생

배가 고프면 냉수를 마시고
눈물이 나면 하늘을 쳐다본다
옆구리가 시리면 돌아누워보고
마음이 괴로우면 어금니를 깨문다

가지 말라 해도 가는 세월
오지 말라 해도 오는 백발

인륜과 천륜을 거부한 者

한 곳을 바라보고 함께 뿌린 씨앗이라면
다 함께 거두는 것이 도리이며 순리인 것을
허허벌판에다 씨앗만 던져 놓고
천륜을 거부한다면
어찌 하늘이 노하지 않으리오

함께 뿌렸으면
다 함께 거두어야 기쁨도 두 배, 위험 부담도 두 배
그것도 모르기에 갈지자로 걷는 거지 뭐

사랑이란 옥에 티

만남도 사랑 때문
헤어짐도 사랑 때문
도대체 사랑이 뭐 길래
늙은이도 사랑 타령
젊은이도 사랑 타령

삼강오 인의예지 장유유서
윤리와 도덕마저 무너졌다
사랑만 먹고는 살 수 없으니
가려가며 해야지

낮에는 해가 뜨고
밤에는 달이 뜨는 것이니
이것이 곧 음양의 이치가 아니던가

파경(破境)

겉 다르고 속 다른 것은
수박도 그러하고
○자도 그러하고
속절없이 속고 사는 것이
○자이고
속을 수밖에 없는 것이
○자이고
울지 못하는 닭이 되었고
짖지 못하는 개가 되었다

○자의 의상은 하늘 높은 줄 모르고
○자의 자존심은 천 길 만 길 낭떠러지

속절없이 속고 사는
○자의 심정
하늘은 알랑가 몰라

빈 지게

그때나 이때나 심장은 뛰고 있는데
그제나 이제나 왜 옆구리가 시리고 공허한가
두 주먹 불끈 쥐어 봐도 잡히는 것은 아무것도 없네
간밤에도 기와집을 수 없이 지었는데
깨어보니 초가집도 보이지 않고 애꿎은 벼갯닛만 젖어 있네
백날을 하루같이 뒤돌아볼 새 없이 뛰어봤지만
아무것도 담기지 않은 빈 지게만 덩그러니

고장 난 나침반

바람도 길을 잃어버리고 구름마저 왔다 갔다
이리 갈까 저리 갈까
가야 하나 말아야 하나
가도 문제, 안 가도 문제
인생이란 참으로 골치 아픈 문제라네
가기는 가야 하는데
언제 어떻게 가야 하나
가야 하나, 말아야 하나
그것이 문제로다

주인 없는 별

저 별빛이 제아무리 곱다 한들
내 별 하나 없는 하늘

이 세상이 제아무리 좋다 한들
외로운 걸 어찌 하오리까

저 별을 따온다 해도
받을 사람이 없는 것을

낯 설다 어려워말고
부탁 하신다면
오늘이라도 별을 따다
당신께 바치오리다

아픔은 스승이다

나는 가족이 그립고, 정이 고프다
오늘도 창밖을 하염없이 바라본다

언제나 혼밥 신세, 정이 그리워 베갯닛만 적시니
배고픈 심정도 이해는 간다마는
정이 그리워 잠 못 드는 밤가족이 그립다

돈으로도 해결할 수 없으니
참새가 어찌 봉황의 뜻을 알리오

천하의 배필

온달과 평강은 천하의 배필이라
옥난간에 베틀을 놓고
일광단, 월광단 모두 짜서
도포자락 휘날리며
원앙금침 마주 베고 청룡, 황룡의 꿈을 꾸며
금자동아, 옥자동아 줄줄이 낳았더라

내 청춘을 돌려다오

성공이란 명제를 안고
남부럽지 않게 살아보려고
허리띠 졸라매고
뒤돌아볼 새 없이 동분서주 했다

모두 부질없는 짓
회한만 새록새록
자식들 걱정할까 "나는 괜찮아, 괜찮다"

돈이 있어도 쓸 곳이 없고
친구들은 모두 멀리 떠났으니
내 청춘의 보상은 어디에서 받을까

천년의 꿈

백 년도 못 살면서
천 년의 꿈을 꾸다니
부질없는 공명(功名) 찾아
허리띠 졸라맸나
어리석기 짝이 없고 무식하기 이를 데 없구나
돌아보면 지난 세월 한스럽고 후회스럽다오
오늘도 노을은 보이지 않고
기적 소리만 울고 울고

내일이면 추억되리

옷깃만 스쳐도 인연이라 했던가
술잔에 담긴 정도 사랑이라 해야 하나
강 건너 재 너머 그리움도
순정이라 해야 하나
꿈속에 그려보는 님도
님이라 해야 하나
내일이면 모두가
추억되어 흐르리

함께라면

비가 오는 날에는 우산이 되어 주고
눈이 오는 날에는 외투가 되어 주리

함께였기에 굽이굽이 고갯길을
넘을 수 있었고 오늘이 있음이라
저 높은 태산준령도
둘이 함께라면 기꺼이 넘으리라

황혼의 엘레지

춘분, 추분은 주야 평인데 때늦은 춘설이 내린다
춘설을 맞으며 죽암산 자락을 걸어간다
얼마나 더 머물 수 있을까
언제 다시 이런 낭만을 느껴볼까
다음에 올 때는 자식들 손에
유해로 이 길을 오겠지
춘설을 맞으며
흥얼거려보는 황혼의 엘레지

인생은 춘몽

마음은 청춘에 머물러 있고
나이는 황혼으로 기우는데
문화는 조석으로 변하고
세월은 발길을 재촉하네

어제는 옛날이고
오늘은 과거가 된다
바다 건너가 이웃이 되고
천 리 길도 반나절이라는데

마음은 청춘인데
풍운아의 기백은 황혼으로 사라지고
노을만 붉게 타는구나

숙명

누가 그랬다
사랑은 눈물의 씨앗이라고
와신상담(臥薪嘗膽)

눈을 지그시 감아본다
밤마다 그리워 벼갯닛이 다 젖는다
밤은 다시 오고 또 올 텐데
열두 벼갯닛도 부족할 텐데

우야노 우짜노
어찌해야 좋노!

춘설

정월 이월이 다 지나고
삼월이 돌아왔다

강남 갔던 제비도
처마 밑에 둥지를 틀고

시냇물 졸졸졸
버들강아지 오동통 살이 쪘고

산수유, 청매실, 홍매실
흐드러지게 피었는데

때늦은 춘설이
발목을 덮는구나

인생

세월아 갈 테면 가라
너 잡을 내가 아니다

백발이여 돌아올 테면 돌아오라
너 두려워할 내가 아니다

세월도 잊었고
백발도 잊었다
바람 불면 부는 대로
물결치면 치는 대로
있으면 있는 대로
없으면 없는 대로

그것이 내 방식이다
그것이 내 인생이다

옛 동무

손톱에 봉숭아 물들이고
민들레 꽃 꺾어서 머리에 꽂아주며
저 푸른 언덕 위에 초가삼간 지어놓고

신랑은 밭 갈고
각시는 밥 짓고
검은 머리 파뿌리 될 때까지
오손도손 살자던 동무

지금은 어느 하늘 아래에서
누구의 각시 되고 누구의 신랑이 되었겠지

목련은 언제 피려나

어렵사리 사랑했었고
문득문득 그리워지는 사람
누구보다 행복해야 하고
누구보다 보람된 삶을 누려가야 할 사람

지금도 맨마음으로는 쳐다보기도 쑥스럽고 안쓰럽다
그녀 앞에만 서면 왜 자꾸 작아지는지
그 까닭이 풀리는 날 무거운 짐 내려놓으리라

회상

아련한 추억들은
마른 가슴 촉촉이 적시는데
공명 찾아 가쁜 숨 몰아쉬며 여기까지 왔건마는
청춘은 한 방울 아침 이슬에 불과했고
인생은 한 번의 뭉게구름이었구나

나 떠나거든
먼 훗날 님이라 불러다오

님 그리워 우는 새

낙락장송(落落長松) 깊은 산속
황혼이 짙어지면
처량하게 우는 저 두견이
무슨 사연 있기에
그리도 슬피 울고 저리도 애절할까
너의 소리 들을 때면 애간장이 끊어진다
운명인가, 숙명인가 오만간장 다 녹는다

비우고 버리자

버리고 또 버리고
비우고 또 비워도
아직도 남은 게 있나 보다
미운 것이 있고, 고운 것이 있는 걸 보면
이대로 가다 보면
평생을 버려도
평생을 비워도 다 버리지 못할까 보다
절이 싫으면 중이 떠나는 수밖에

노을은 타고 있는데

오르지 못할 나무는
쳐다보지도 말아야지
연민인지 미련인지
노을은 붉게 타는데
잊으려 했지만
지우려 했지만 잊지 못한 붉은 입술
해가 가고 달이 가도 노을만은 붉게 타는구나

못 잊어

가야만 하는가요?
안 가시면 안 되나요?
가시면 못 볼 사람
보고픈 그 사람 깊숙이 뿌리내려
떠날 줄 모르는 사람
언젠가는 만나야 할 사람
잊을 수 없는 그 사람
떠나는 이는 잊는다 해도
보내는 사람은 잊을 수 없다

오십천에 빠진 달님

죽서루가 국보라 하시니
잠들지 못하고 구경 나왔다가
오십천이 하도 맑아서
물 구경까지 하려다
오십천에 빠지고만 달님아

기왕 몸을 적셨으니
내친김에 아리랑이나
한 소절 부르면서
오늘밤은 여기서 주무시다
날이 새거든 떠나시옵소서

소슬바람

소슬바람 불어온다
코스모스 한들한들
가을빛이 따사롭다

드높아진 하늘가에
고추잠자리 떼 너울너울
기러기 떼 줄줄이

죽암산은
비단옷으로 갈아입고
소슬바람에
황금물결 넘실거린다

인생길

창공을 날으던 뭇새들도
해가 지고 날이 저물면
숲속을 찾아 들어
날개를 접는 법이다

이제 살만큼 살았으니
떠날 준비를 해야 할까 보다
인생길 가는 길이
어찌 꽃길만 있겠나마는
당신도 힘들었겠지만
나도 힘들었다오

인고(忍苦)의 세월을 돌아보니
고개가 저절로 숙여집니다 그려

북망산 가는 길

수 년 전부터 한 사람, 두 사람
떠나기 시작하더니
한 달 전에도 떠났고
그제도 또한 사람 떠났다네
이룬 것은 별로인데
쌓이는 것은 나이뿐이라네

데리러 오니
따라 안 갈 수도 없고
막상 떠나려니
자꾸만 뒤돌아 보게 된다
다음에는 또 누구의 차례일까
반갑지도 않은 소식인데
귓전에 맴도는 것은 무슨 연유일까

구절초 피는 언덕

올해도 구절초는 어김없이 피었구나
한로도 지나갔고
내일 모레면 상강이다

하얀 서리가 소리 없이 내리고
얼음이 얼기 시작할 텐데
있는 향기 없는 향기 모아 모아서
벌 나비의 사랑 실컷 받아보려무나

내년 이맘때가 되면
너는 다시 필 수 있겠지만
나는 너를 다시 볼 수 있을는지 몰라

버리고 비우자

오늘은 무엇을 담았고
얼마나 비웠는가
오늘은 어떤 좋은 일이 있었고
아픈 일은 없었는가

한쪽 귀로는 들으면서
한쪽 귀로는 흘려보내면서
남은 것은 무엇이고
버리지 못한 것은 왜 일까

아무리 귀한 것이라도
아무리 깊이 박힌 것이라도
버리고 비울 수만 있다면
떠나는 길은 결코 무겁지 않으리라

난감하네

세월의 흔적 때문인가
자질의 부족함 때문인가
자꾸만 자꾸만
인생의 초석을 지울 수 없으니

세월의 한 자락을
잘라 낼 수도 없는 노릇
그렇다고 옷자락
붙잡을 수도 없는 노릇

돌아서 가는 사람
따라갈 수도 없는 노릇
멍하니 바라보며
긴 한숨만 내쉰다
난감하네 난감하네
난감하기 이를 데 없어라

음양의 조화

말없이 가는 세월
잡을 사람 누구이며

끊임없이 흐르는
저 강물 막을 사람 누구이며

소리 없이 오는 백발
거부할 자 누구이던가

이것도 저것도
자연의 섭리라면
받아들이며 사는 것도
자연의 섭리가 아니던가

인심은 조석지변

원망도 부질없는 짓이고
아쉬워한들 누가 알랴
모두가 다 타버리고
재만 남아 있는 것을
하늘이 알까 땅이 알까

"내 밥 먹고 내 술 먹을 때는
쓸개라도 빼줄 듯이 희희낙락하였건만
내가 조금 어려우니 강 건너 불구경이라네"

아니다 남을 탓하지 말라
답은 나의 어리석음 속에 있는 것을

가을의 전령사

죽암산 산마루에 비단옷을 드리웠구나
뭉게구름 조각구름 단풍놀이 나왔다가
소슬한 풍찬 바람에 떠밀려서 사라지네
높은 산은 금산인데 낮은 산은 아직도 청산일세

쌍무지개

눈물 없고 이별 없는 그런 세상이야 없겠지만
인생길 가는 길이 어찌 꽃길만 있으랴

힘 모아 뜻 모아서 하나씩 하나씩 쌓아가다 보면
탑이 되고 성이 되는 것을

우리네 인생살이 범보다 무섭고
고추보다 맵다 했네
재를 넘고 영을 넘다 보면
언젠가는 쌍무지개 뜰 날이 오고야 말리라

보고 싶다

야속한 세월은
속절없이 흘러가고
청춘의 로맨스는 꿈결처럼 지나갔네

다정했던 동무들아
왜들 모두 떠나버린 거야
불러 봐도 대답 없고 찾아봐도 만날 길 없네

통화를 시도해 봤더니
"없는 번호"라고
확인하고
다시 걸라고 하네

중추가절

기러기 떼 날갯짓에
가을빛이 묻어나고
산마다 능선마다 오색 단풍 수놓았네

식물들은 월동 준비 한창이고
농부들의 하루는 아침부터 저녁까지
종종걸음 분주로세

벼이삭도 덩달아 춤을 추며
하루가 저무네

왜 왜 왜

녹음방초(綠陰芳草)가 무성하던 때도
어느새 낙엽 되고
청운의 푸른 꿈도
어느새 황혼에 이르렀네

오동잎 떨어지는
달 밝은 이 밤이여
차갑게만 느껴지는 저 달빛마저도
어쩌면 모두가 외롭고
슬프게만 느껴지는 것은

왜

5부

사자성어

1.

역지사지(易地思之) 처지를 바꾸어 생각함.
살신성인(殺身成仁) 자기 몸을 희생하여 옳은 도리를 이룸.
금지옥엽(金枝玉葉) 귀한 자손.
우유부단(優柔不斷) 망설이기만 하고 결단성이 없음.
천신만고(千辛萬苦) 온갖 어려운 고비를 겪고 애씀.
갈팡질팡 마음을 정하지 못하고 이리저리 오락가락함.
삼라만상(森羅萬象) 우주에 있는 온갖 사물과 현상.
파란만장(波瀾萬丈) 일의 진행이나 인생에 굴곡이 많음.
명실상부(名實相符) 이름과 실상이 서로 부합함.
빙산일각(氷山一角) 전체의 극히 일부분.
우이독경(牛耳讀經) 소 귀에 경 읽기, 아무리 가르쳐도 소용 없음.
마이동풍(馬耳東風) 남의 말을 귀담아듣지 않음.
아비규환(阿鼻叫喚) 지옥의 고통을 참지 못해 울부짖는 소리.
와신상담(臥薪嘗膽) 원수를 갚기 위해 고난을 견딤.
상상초월(想像超越) 상상한 범위를 뛰어넘음.
예측불허(豫測不許) 앞으로 어떻게 될지 예측할 수 없음.
과대망상(誇大妄想) 턱없이 과장하여 하는 생각.

2.

일석이조(一石二鳥) 한 가지 일로 두 가지 이득을 얻음.
고진감래(苦盡甘來) 고생 끝에 즐거움이 옴.
흥진비래(興盡悲來) 즐거움이 다하면 슬픔이 옴.
구사일생(九死一生) 여러 번 죽을 고비를 넘기고 겨우 살아남.
칠전팔기(七顚八起) 여러 번 실패해도 굴하지 않고 다시 일어남.
과유불급(過猶不及) 정도를 지나침은 미치지 못함과 같음.
일소일소 일노일노(一笑一少 一怒一老) 한 번 웃으면 한 번 젊어지고, 한 번 화내면 한 번 늙음.
도불이낙(道不二落) 도는 둘로 떨어지지 않음.
구제불능(救濟不能) 구원하거나 해결할 방법이 없음.
사필귀정(事必歸正) 모든 일은 결국 바른 데로 돌아감.
일목요연(一目瞭然) 한눈에 똑똑히 알 수 있음.
배은망덕(背恩忘德) 은혜를 배반하고 덕을 잊음.
초지일관(初志一貫) 처음 품은 뜻을 한결같이 꿰뚫음.
욱일승천(旭日昇天) 아침 해가 하늘로 솟아오름. (기세가 왕성함)
어불성설(語不成說) 말이 이치에 맞지 않음.

3.

불언자명(不言自明) 말하지 않아도 저절로 분명해짐.
일언반구(一言半句) 한마디나 반 마디의 말. (아주 짧은 말)
금시초문(今始初聞) 이제야 비로소 처음 들음.
비어불답(非語不答) 말이 아니면 대답하지 않음. (군자의 태도)
비포불행(非飽不行) 배부르지 않으면 가지 않음.
이심전심(以心傳心) 마음에서 마음으로 뜻이 통함.
심심상인(心心相印) 마음과 마음이 서로 통함.
망연자실(茫然自失) 멍하니 정신을 잃음.
일구월심(日久月深) 날이 오래고 달이 깊어짐. (시간이 오래 됨)
군자대로(君子大路) 군자가 다니는 큰길. (정당한 방법)
우순풍조 雨順風調) 비가 순조롭고 바람이 고름. (풍년이 듦)
시화연풍(時和年豊) 시절이 화평하고 해가 풍년듦.
박장대소(拍掌大笑) 손뼉을 치며 크게 웃음.
요절복통(腰折腹痛) 허리가 끊어지고 배가 아플 정도로 크게 웃음.
단도직입(單刀直入) 바로 핵심을 말함.
좌고우면(左顧右眄) 이리저리 돌아봄. (망설임)

4.

좌지우지(左之右之) 이리저리 제 마음대로 휘두르거나 다룸.
시기상조(時機尙早) 때나 기회가 아직 이르거나 이름.
이율배반(二律背反) 두 명제가 서로 모순됨.
심사숙고(深思熟考) 깊이 생각하고 익히 고려함.
부창부수(夫唱婦隨) 남편이 주장하고 아내가 따름.
일심동체(一心同體) 한마음 한 몸.
목불인견(目不忍見) 차마 눈 뜨고 볼 수 없음.
철두철미(徹頭徹尾) 처음부터 끝까지 투철함.
일편단심(一片丹心) 한 조각의 붉은 마음. (변치 않는 마음)
일부종사(一夫從事) 한 남편만 섬김.
일사천리(一瀉千里) 물이 빠르게 흐르듯 거침없이 진행됨.
만경창파(萬頃蒼波) 한없이 넓고 푸른 바다.
만고불변(萬古不變) 오랜 세월이 지나도 변하지 않음.
불원천리(不遠千里) 천 리 길도 멀다고 여기지 않음.
소복재근(素福在勤) 소박한 복은 부지런함에 있음.
주경야독(晝耕夜讀) 낮에 일하고 밤에 공부함.
자수성가(自手成家) 스스로 노력하여 성공함.
만년불패(萬年不敗) 오랫동안 패하지 않음.
청산유수(靑山流水) 맑은 산과 흐르는 물. (말을 거침없이 잘함)

5.

심산유곡(深山幽谷) 깊은 산속의 그윽한 골짜기.
임시관상임전무퇴(臨戰無退) 싸움에 임하여 물러서지 않음.
백척간두(百尺竿頭) 매우 위태로운 상황.
안빈낙도(安貧樂道) 가난한 생활에 만족하며 도를 즐김.
유일무이(唯一無二) 오직 하나뿐임.
유유자적(悠悠自適) 세상일에 얽매이지 않고 한가롭게 지냄.
유전무후(有前無後) 전에는 있었으나 후에는 없음.
부전자전(父傳子傳) 아버지를 아들이 닮음.
모전여전(母傳女傳) 어머니를 딸이 닮음.
상부상조(相扶相助) 서로 돕고 도움.
유구무언(有口無言) 입은 있어도 말이 없음.
기사회생(起死回生) 죽을 뻔하다가 다시 살아남.
절체절명(絕體絕命) 몸과 목숨이 끊어지는 상황. (매우 위태로움)
추풍낙엽(秋風落葉) 가을바람에 떨어지는 잎. (세력의 급격한 쇠퇴)
만고강산(萬古江山) 아주 오랜 세월 동안 변함이 없는 산천.
동서고금(東西古今) 동양과 서양, 옛날과 지금. (모든 시대와 장소)

6.

피장파장(彼長此長) 서로 비슷비슷함.
천지개벽(天地開闢) 하늘과 땅이 처음 열림.
명명백백(明明白白) 아주 분명하고 확실함.
청천벽력(晴天霹靂) 맑은 하늘에 날벼락. (뜻밖의 충격)
호언장담(豪言壯談) 굉장하고 허황된 말을 큰소리침.
호연지기(浩然之氣) 넓고 가득 찬 공명정대한 기운.
금지옥엽(金枝玉葉) 귀한 자손을 이르는 말.
백골난망(白骨難忘) 죽어서 백골이 되어도 잊을 수 없는 은혜.
새옹지마(塞翁之馬) 인생의 길흉화복은 예측할 수 없음.
천군만마(千軍萬馬) 아주 많은 군대와 말. (든든한 세력)
난형난제(難兄難弟) 우열을 가리기 어려움.
평지풍파(平地風波) 평온한 곳에서 뜻밖의 소동이 일어남.
기상천외(奇想天外) 생각이 기발하여 세상에 없던 것 같음.
사사건건(事事件件) 모든 일마다.
공수래공수거(空手來空手去) 빈손으로 왔다가 빈손으로 감.
자포자기(自暴自棄) 스스로를 포기하고 돌보지 않음.
증거인멸(證據湮滅) 증거를 없앰
백발백중(百發百中) 쏘거나 하는 일마다 모두 맞음.
십중팔구 (十中八九) 열에 여덟 아홉. (거의 대부분)

7.

각고분투(刻苦奮鬪) 고생을 이겨내고 힘써 싸움.
절치부심(切齒腐心) 이를 갈고 속을 썩임. (몹시 분하게 여김)
일희일비(一喜一悲) 한 번 기뻐하고 한 번 슬퍼함.
인생고해(人生苦海) 인생은 고통의 바다.
천방지축(天方地軸) 매우 경솔하게 행동함.
생자필멸(生者必滅) 태어난 것은 반드시 죽음.
안성맞춤(安城맞춤) 요구에 정확히 들어맞음.
고해성사(告解聖事) 세례받은 신자가 지은 죄를 뉘우치고 신부를 통하여 하느님에게 고백하여 용서받는 일.(기독교 용어)
무지막지(無知莫知) 매우 무지함.
천인공노(天人共怒) 하늘과 사람이 함께 분노함.
무해무익(無害無益) 해로움도 이로움도 없음.
일자무식(一字無識) 한 글자도 모름.
천생연분(天生緣分) 하늘이 맺어 준 연분.
금상첨화(錦上添花) 비단 위에 꽃을 더함. (좋은 것에 더 좋은 것이 더해짐)
기고만장(氣高萬丈) 기세가 하늘을 찌를 듯이 대단함.
약육강식(弱肉強食) 약한 자는 강한 자에게 먹힘.

8.

북망산천(北邙山川) 사람이 죽어서 묻히는 곳.
전전긍긍(戰戰兢兢) 몹시 두려워하며 조심함.
공사다망(公私多忙) 공적인 일과 사적인 일 모두 바쁨.
허무맹랑(虛無孟浪) 터무니없고 황당함.
이열치열(以熱治熱) 열은 열로 다스림.
자화자찬(自畫自讚) 자기가 한 일을 자기가 칭찬함.
무릉도원(武陵桃源) 속세를 떠난 아름다운 곳.
지성이면 감천(至誠感天) 지극히 정성스러우면 하늘을 감동시킴.
이한치한(以寒治寒) 추위는 추위로 다스림.
유아독존(唯我獨尊) 세상에서 자기만이 가장 존귀함
풍전등화(風前燈火) 바람 앞의 등불. (매우 위태로움)
전무후무(前無後無) 전에도 없었고 후에도 없음.
불용지물(不用之物) 쓸데없는 물건.
불가역적(不可逆的) 되돌릴 수 없음. (한자어)
좌불안석(坐不安席) 앉아도 자리가 편치 않음. (몹시 불안함)
용호상박(龍虎相搏) 두 강자가 승패를 다툼.
설왕설래(說往說來) 말이 오고 감. (서로 논쟁함)
기화요초(琪花瑤草) 진귀한 꽃과 풀. (아름다운 경치)
용두사미 (龍頭蛇尾) 시작은 거창하나 끝은 미약함.

9.

등하불명(燈下不明) 등잔 밑이 어두움. (가까운 것을 모름)

거두절미(去頭截尾) 머리와 꼬리를 자름. (핵심만 말함)

일장춘몽(一場春夢) 한바탕의 봄꿈. (덧없는 인생)

초근목피(草根木皮) 풀뿌리와 나무껍질. (몹시 가난함)

안절부절(安節不節) 마음이 초조하고 불안함.

만수무강(萬壽無疆) 한없이 오래 삶.

무병장수(無病長壽) 병 없이 오래 삶.

우유부단(優柔不斷) 망설이기만 하고 결단을 내리지 못함.

용호상박(龍虎相搏) 용과 범이 서로 싸운다는 뜻으로, 강자끼리 서로 싸움을 이르는 말.

좌충우돌(左衝右突) 이리저리 부딪치며 나감.

6부

시사

잃어버린 국가 정신

요즘 시국이 하도 어수선하여 몇 마디 합니다. 정치하는 사람치고 애국이 무엇인지, 애족이 무엇인지 안중에나 있는 듯한 사람도 없습니다.

국가라는 명칭은 출세 가도에 놓인 징검다리 역할로 전락해 버렸고, 국민들은 그들이 가고자 하는 길의 길동무에 불과하며, 추수 끝난 들녘에 남은 허수아비 같은 존재입니다.

어떻게 이룬 국가인데, 대한민국은 민주공화국이며 삼권분립의 국가였으나, 어느 날 누가, 아니 피의자가 담당 검사, 판사, 재판 날짜, 시간까지 바꿔달라고 요구하는 지경이 되었습니다. 이것이 진정한 민주 법치국가란 말입니까?

삼권분립은 무너졌고 입법부에는 전과자가 득실거리는 범죄자의 아지트가 되어 버렸습니다. 민주공화국 대한민국은 지긋지긋했던 보릿고개도 넘겼으며, 경제 10위권에 진입한 중추 국가임에도 불구하고, 정치는 완전 아마추어이고 후진국을 면치 못하고 있습니다.

이런 현실을 2년 동안이나 입을 다물고 있다 보니 심장이 터질 것 같아서, 기미 3.1 독립선언서를 나 혼자 다시 한번 되새겨 보고 있습니다.

기미독립선언문

오등(吾等)은 자에 아(我) 조선의 독립국임과 조선인의 자주민임을 선언하노라. 이로써 세계 만방에 고하여 인류 평등의 대의를 극명(克明)하며, 이로써 자손만대에 고(誥)하여 민족 자존의 정권(正權)을 영유(永有)케 하노라.

반만년 역사의 권위를 장(仗)하야 이를 선언함이며, 이천만 민중의 성충(誠忠)을 합하여 이를 표명(表明)함이며, 민족의 항구여일(恒久如一)한 자유 발전을 위하여 이를 주장(主張)함이며, 인류적 양심의 발로에 기인한 세계 개조의 대기운에 순응하고 병진(并進)하기 위하여 이를 제기함이니, 이는 하늘의 명명(明命)이며, 시대의 대세며, 전 인류 공존 동생 권의 정당한 발동이라. 천하 하물이던지 이를 저지 억제치 못할지니라.

구시대의 유물인 침략주의, 강권주의의 희생을 작(作)하야 유사 이래 수천 년에 처음으로 이민족의 겸제(箝制)의 통고(痛苦)를 상(嘗)한지 금에 십 년을 과한지라. 아! 생존권의 박상(剝喪)됨이 무릇 기하(幾何)며, 심령상 발전의 장애됨이 무릇 기하며, 민족적 존영(尊榮)의 회손(毁損)됨이 무릇 기하며, 신예(新銳)와 독창으로써 세계 문화의 대조류에 기여하고 보비(補裨)할 기연(機緣)을 유실(遺失)함이 무릇 기하오.

억(抑) 이천만 분노의 민이 숙서(夙昔)의 원(冤)을 풀고, 현재의 고통을 파탈(擺脫)하며, 장래의 협위(脅威)를 삼제(芟除)하려 하면, 민족적 양심과 국가적 의의 압축 소잔(銷殘)을 흥분 신장하려 하면, 자자손손의 명명(明々)한 경복(慶福)을 도영(圖營)하려 하면, 최대 급부가 민족적 독립을 확실케 함이니, 이천만 각개가 인마다 방불(彷彿) 방촌(坊村)에 인물화(人物化)하야, 인류 공통의 성과 시대적 양심이 정의의 검(劍)과 인도의 간과(干戈)로써 호원(護援)하는 금일, 이를 진(振)하야 탈취(奪取)할지어다.

일호(一毫)의 유예(猶豫)도 하지 못하며, 일각(一刻)의 주저(躊躇)도 불가하다. 우리 고유한 자유권을 호전(護全)하야 생왕(生旺)의 낙(樂)을 포향(飽享)할 것이며, 우리 자족(自足)한 독창력을 발휘하여 천지의 대계(大界)에 민족적 정화를 결뉴(結紐)할지로다.

오등의 이에 분기하도다. 양심이 아와 동존(同存)하며, 진리가 아와 병진(并進)하는도다. 남녀노소 없이 음울한 고교로써 활발히 기재(起在)하야 만휘군상(萬彙群象)으로 더불어 흔쾌(欣快)한 부활을 성수(成遂)케 되도와, 천백세 조령(祖靈)이 오등을 음우(陰佑)하며, 전 세계 기운이 오등을 외호(外護)하나니, 착수가 곧 성공이라. 다만 전두(前頭)의 광명으로 향하야 맥진(驀進)할 따름인저.

4252년 3월 1일

조선 민족 대표

손병희(孫秉熙) 길선주(吉善宙) 이필주(李弼柱) 백용성(白龍城)
김완규(金完圭) 김병조(金秉祚) 김창준(金昌俊) 권동진(權東鎭)
권병덕(權秉悳) 나용환(羅龍煥) 나인협(羅仁協) 양전백(梁甸伯)
양한묵(梁漢默) 유여대(劉如大) 이갑성(李甲成) 이명룡(李明龍)
이승훈(李昇薰) 이종훈(李鍾勳) 이종일(李鍾一) 임예환(林禮煥)
박준승(朴準承) 박희도(朴熙道) 박동완(朴東完) 신홍식(申洪植)
신석구(申錫九) 오세창(吳世昌) 오화영(吳華英) 정춘수(鄭春洙)
최성모(崔聖模) 최 린(崔 麟) 한용운(韓龍雲) 홍병기(洪秉箕)
홍기조(洪基兆)

사회적 양심 (사회도 몫몫이 있다)

공부도 좋고 학벌도 중요하겠지만, 배우지 못했다고 해서 할 일이 없는 것은 결코 아니라고 생각합니다. 계층과 분야에서 세상 이치와 사회 규범, 정의와 불의, 선과 악을 구분할 정도이면 충분합니다.

공연히 부잣집 대문간이나 권력자의 대문 앞에서 서성인다면 차라리 부러지면 부러졌지 휘어지는 것은 죽기보다 싫었습니다.

미약한 힘이었지만 정의 구현을 위해서는 직위고하 장소불문 참으로 억척같이 싸웠습니다. 그러나 후회한 적은 단 한 번도 없었으며, 오히려 밥값 했다고 생각했습니다. 내가 아니면 누구라도 해야 할 일이라 생각하면 부끄럽기보다는 오히려 떳떳하게 할 일 했다고 생각합니다.

현 정권 비판 (직언하는 신하가 전무하다)

25. 4. 4. 헌법재판소 윤석열의 탄핵 재판 판결문 초안을 읽어 내려가던 중 TV 채널을 돌린 이후 수개월이 경과했지만, 나는 일체의 뉴스를 시청하지 않습니다.

세계 속의 열강들은 자국의 이익만을 추구하는 현실 속에서, 한반도는 유일한 분단국가로서 뭉쳐도 모자랄 마당에 국가의 장래와 국민의 안위를 생각하는 자는 어디에도 보이지 않습니다.

정치에 염증을 느끼며, 그자들은 양심을 시궁창에 던져버릴 자들입니다.

직언하는 신하가 전무하자 관직을 버리고 낙향해서 곧은 낚시를 던져 놓고 세월을 낚았다는 전설 고고한 선비들의 맑은 정신, 이제 조금은 알 것 같습니다.

넘어지지 않으려면

귀가 있어도 듣지 아니 하고, 눈이 있어도 보지 아니 하며, 입이 있어도 말하지 아니 하면 마음은 호수를 이룰 것입니다.

흐르는 물이라 어찌 너의 어리석음을 씻을 수 있으랴. 오로지 흐르는 세월만이 너의 깨달음을 기다릴 뿐입니다.

덕이 없는 사람이 직위만 높다면 주변은 언제나 바람 잘 날이 없을 것이고, 지혜가 부족한 사람이 만사를 도모한들 성공은 없고 실패만 있을 뿐입니다.

옷이나 사치품이 주인과 결이 맞지 않으면 오히려 거치장스럽고 부담이 되느니라. 인생은 누구나 어디서나 감초가 되고 기둥이 되어야 하는 것입니다.

몸에 맞지 않는 옷을 입고 능력에 맞지 않는 일을 하면 이웃에게까지 피해가 돌아가게 되어 있습니다. 그것이 인생입니다.

잘해야 본전이다

조반석죽(朝飯夕粥)이라도 하시거든 정치를 보시오.

밥이 없어서이냐, 옷이 없어서이냐, 아니면 집이 없어서이냐. 애국이냐 애족이냐, 아니면 자신의 영화(榮華)를 위해서냐.

엄연히 역사는 말해주고 있지 않는가. 국내외적으로 그 이름만큼 추앙받고 사는 사람이 과연 몇 명이나 되느냐.

장기 집권 혹은 부정 축재, 독재 정치 등으로 피살되거나 스스로 죽음을 선택하거나, 범죄자가 되어 차디찬 콘크리트 골방에서 햇빛도 보지 못한 채 한 세월을 보낸 사람이 무릇 얼마이던가.

역사의 죄인이 되며 깊은 후회도, 수많은 국민들의 원성의 대상되거나 그 후손들에게까지 영향이 미치고 있는 현실 앞에, 혹시 후회하고 계시지는 않는지 말입니다.

선조대왕의 몽진

왜군이 조선을 침략하는 임진왜란이 발발하자 조선군은 밀리고 밀리는 열세였습니다. 선조는 어쩔 수 없이 후일을 도모하고자 대궐을 버리고 야밤에 몽진 길에 오릅니다. 당시 조선백성들의 심정은 어떠했을까요. 조선의 운명은 풍전등화와 같았을 것입니다.

2025년 4월 4일, 윤석열은 계엄을 선포할 만한 근거도 없이 경고성이라는 비상계엄을 선포했다가 거대 야당 민주당의 탄핵을 받고 도중하차하고 말았습니다.

대통령의 정무가 어디 실험용이 있고 실전용이 있다든가 말입니다. 경고성이었다니! 검찰총장까지 역임한 사람이 헌법도 계엄법도 인지하지 못하고 비상계엄을 선포하다니. 국무위원들까지도 그 나물에 그 밥이 아니던가! 제 말이 틀렸습니까?

차라리 위수령이나 발동했더라면 지금의 상황은 없었을 것을. 국가와 국민은 안중에도 없고 개인적 감정풀이를 일삼는 대통령 윤석열은 역사 앞에 죄인입니다.

애국애족의 정신

고려의 마지막 충신 포은 정몽주. 태조 이성계는 조선을 개국하면서 정몽주에게 동참해 줄 것을 간곡히 원했지만, 정몽주는 목숨까지 버리면서 끝까지 고려의 신하로 남았습니다. (불사이군의 정신)

조선의 영웅 이순신은 많은 음모와 모략 때문에 한때는 갑옷을 벗고 백의종군까지 해가면서 "반드시 내 손으로 왜군을 물리치고 이 땅에 태평성대를 이루리라"는 신념으로, "신에게는 아직 열두 척의 배가 남아 있나이다"라고 임금에게 아뢰었습니다.

대규모 전투 중에 전사를 하면서도 "나의 죽음을 적에게 알리지 말라"는 철 같은 유언을 남기고 끝내 떠나셨지만, 백전백승하는 전술과 전략과 아군의 사기 진작에 애국 애족하는 지휘 통솔하는 높은 지혜는 길이 남아 전해질 것입니다.

작금의 정치를 하겠다는 작자들을 보면, 모두가 하나같이 국가와 국민은 보이지 않고 오로지 자기네 패거리들이나 살아남으려는 소인배들만 득실거립니다. 진정한 지도자는 눈을 씻고 봐도 어디에도 보이지 않습니다.

사공이 많으면 배가 산으로 간다고 했습니다. 2025년 6월 3일 대통령의 탄핵 사건으로 말미암아 대통령 선거를 한다고 합니다. 대한민국 정부 수립 이후 22대 국회만큼 특검과 탄핵이 난무했던 적도 없습니다.

역사학자들은 낱낱이 세세히 기록할 것입니다. 특검과 탄핵에 밤잠을 이루지 못한 국민만 애처롭고 가련합니다. 국가의 위상도 나락으로 떨어지고, 경제는 파탄 나고, 국민의 자존감은 매립장에 매몰되어 버렸습니다.

탄핵과 자질 (재강조)

윤석열 대통령의 탄핵 소추 운명의 날. 대한민국의 기본법과 헌법도 잘 모르는 사람이 어떻게 검찰총장을 역임했을까. 대통령으로서의 정무적 권한인 비상계엄을 선포하면서 계엄법도 숙지하지 않고, 국무위원 정족수도 채우지 못한 채 비상계엄을 선포하는 우를 범하고 말았습니다.

두 시간 반짜리 경고성 계엄이었다고 변명을 연발하는 것을 보면, 대통령으로서의 자질과 교양이 매우 부족한 사람이라고 볼 수밖에 없습니다.

여러 국가와 국민이 대통령의 정무적 행위에 소유물이며 실험 대상의 소모품인가 말입니다. 뿌린 자가 거두는 것은 만고의 진리이지만, 실추된 국가의 위상과 국민의 꺾어진 자존심은 어쩌란 말이냐!

당신께서 가장 미워하는 특정한 사람, 머지않은 장래에 용상에 앉을 텐데, 미워하려면 제대로 해야지. 결과는 자기 손으로 자기 발을 찍고 말았으니. 국가를 이 지경으로 만들어 놓고도 밥이 목구멍에 넘어가느냐 말이야.

지옥이 아니고서야. 만에 하나 그때까지 살아있다면, 당신은 천추의 한을 남기고 국가와 선열, 국민과 역사 앞에 죄인임을 자임하고 평생을 참회하는 마음으로 살지어다.

판결문과 부끄러움

한덕수 국무총리 탄핵소추결의안 헌법재판소 판결문 : 기각 5명, 각하 2명, 인용 1명, 정계선 판사 (2025. 3. 24. 01:01).

부끄러움을 알라. 부끄러움을 모른다면 당신은 벽창호 금수와 다를 바가 있겠는가. 자고로 고집불통은 세 가지 방식이 있다고 했거늘. 이런 날이 오리라 어떻게 알았던가.

남은 모르지만, 검찰총장까지 역임한 사람이 세상에, 계엄법도 인지하지 못한 채 경고성이라니, 개가 웃고 소가들을 노릇이 아니던가.

대한민국 법치를 이와 같이 코에 걸면 코걸이, 귀에 걸면 귀걸이로 만들었으니, 돈 있고 인맥 없는 억울한 국민이 흘린 피눈물이 한강수와 함께 지금까지 흐르고 있음이라.

우매한 윤석열의 덕택으로 지금쯤 감옥에 가 있어야 할 피의자 한 사람은 글쎄 왕관을 썼다는 것 아닙니까! 세상에 이런 일이. 할 일도 없는데 윤석열은 지금부터라도 법률 공부 다시 시작하라. 후세에 또 태어나거든 그때는 제대로 해라.

지도자의 발자취

김　구: 눈길을 앞서가는 사람이 똑바로 걸어가야 한다. 뒤 따라가는 사람은 그 발자국이 길인 줄 알고 따라간다.

이승만: 뭉치면 살고 흩어지면 죽는다.

윤보선: 못 살겠다 갈아보자.

박정희: 유비무환, 화폐 개혁, 새마을 운동, 보릿고개 탈피.

전두환: 왜 나만 가지고 그래, 아주 좋아, 백담사 은둔 생활.

노태우: 나 보통 사람입니다, 6.29 직선제 선언.

김영삼: 확실하게 금융실명제 완성, 풀뿌리 민주주의 정착.

김대중: 광주 5.18 민주화 운동, 민주화 성지로 승화.

김종필: 5.16의 제2인자, 3김 합당, 정치 9단.

이명박: 청계천 복원, 4대강 보 설치, 새빨간 거짓말.

노무현: 남북 정상회담 실현, 청문회의 귀재.

박근혜: 최초 여성 대통령, 천막 당사, 선거의 귀재.

문재인: 임기 내내 북한에 저자세, 남북 정상회담 실현.

윤석열: 여소야대 장벽, 계엄 실패, 대통령직 상실, 도중

하차.

10.26. 대통령 시해 사건 발발. 12.12. 보안사령관 전두환, 저격범 김재규, 참모총장 정승화 등 체포 구금. 최규하 대통령은 전두환 일당의 주도권 장악으로 권고 퇴진 당하고 물러날 수밖에 없었습니다.

민주당에 묻는다

머슴이 어찌 주인의 뜻을 헤아릴 것이며, 참새가 어찌 봉황의 뜻을 알겠는가. 일본 후쿠시마 오염수 방류 문제로 "대한민국 국민이 다 죽는 것처럼" 윤석열 정부는 친일이다, 저자세다, 무능이다. 특사단까지 현지에 보내 시료까지 채취하는 등 민주당이 사활을 걸고 윤석열 정부를 물어뜯지 않았던가 말이야. 그랬는데 어민을 비롯한 대한민국 국민의 피해 사례가 얼마나 되는지 대답하라. 아무리 일본이 우리에게는 미운 나라이기는 하지만, 그렇다고 과거에 얽매여 살 수는 없는 노릇이 아닌가. 그들 역시 인간인 이상 자국민의 피해가 우선시되는 마당에 무슨 고의성이야 있겠는가. 그들도 과학적 근거에 따라서 취한 조치라고 봤을 때, 앞으로 다가올 양국 간의 문제를 어떻게 풀어갈 것이며, 국교를 단절하지 않는 이상 한일 정상회담도 이루어질 텐데, 그때가 온다면 윤석열을 대신 보내라.

만약 그것이 불가능하다면, 일본 갈 때 물과 음식을 싸 가시라. 혹시나 그곳 음식을 먹다가 죽을 수도 있으니까. 이런 저런 일이 생기기 전에 사전 철저한 준비를 하시라고 알려 드립니다. 고맙거든 나에게 인사라도 하시라고 말입니다. 내가 하면 로맨스고 남이 하면 불륜이고, 사람이 그러면 쓰나.

무너진 삼권분립

이 풍진 세상을 만난 사람이여. 법정도 감옥도 두렵지 않게 되었으며, 용상에까지 앉게 되었으니, 너의 소원은 이루었지.

파멸된 세상을 만난 사람은 일등 공신의 공적은 아침 이슬이 되어버렸고, 용상까지 내어주면서 감옥살이 신세가 웬 말인가. 슬프고도 가련하도다.

법은 만인 앞에 평등하다 하였건만, 옛말이 되고 말았구나. 온전한 삼권분립은 어느 세월에나 회복되고, 국민이 주인이 되는 세상은 언제 다시 돌아올지. 아 옛날이여!

본받을 것은 본받고,
버려야 할 것은 과감히 버려야 한다.

일본은 1945년 8월 6일과 9일, 히로시마와 나가사키에 두 차례 원자폭탄을 맞았다. 그 충격으로 동식물이 모두 녹아내렸고, 살아남은 사람들 역시 2세, 3세까지 영향 받을 만큼 끔찍한 피해를 겪었다. 결국 히로히토 일본 천황은 항복을 선언했고, 일본은 제2차 세계대전의 패전국이 되었다. 우리는 1945년 8월 15일 해방을 맞으며 자주독립국으로 다시 서게 되었다.

일본에도 여야가 존재한다. 그러나 그들은 정책으로 경쟁할 뿐, 우리나라처럼 '반대를 위한 반대'는 찾아보기 어렵다. 후쿠시마 원전 오염수 방류로 인해 일본 국내에서 피해 사례가 있다면, 그리고 대한민국에 현실적인 피해가 발생했다면, 이에 대한 답을 내놓는 것은 마땅히 정치권의 책임이다.

정치는 정책으로 대결하고, 자국의 이익을 위해서는 협력하며, 국민 통합을 위해서는 화합하는 방향으로 나아가야 한다.

정치인은 각성해야 하고, 국민은 깨어 있는 눈으로 정치를 지켜봐야 한다.

있을 때 잘해

2025.4.4. 윤석열 대통령의 헌재 판결문을 숙독해 내려갈 때, 나는 TV 채널을 돌린 이후 9개월째 언제 어디서나 일체 뉴스는 보지 않습니다.

계엄이 무엇인지, 어떨 때 어떻게 쓰는지도 모르는 사람이 어떻게 검찰총장 자리에까지 갔겠느냐 하는 것이며, 국무위원들마저도 그 나물에 그 밥이며, 그런 멍청이들이 이름이 좋아 대통령이다, 국무위원이다. 그런 따위들이 국가에 녹을 먹고 있었으니, 나라가 이 모양 이 꼴이 되는 것은 어쩌면 당연한지도 모릅니다.

민주당과 이재명은 착각하지 마시라. 당신네가 결코 잘해서가 아니다. 상대 선수가 자살골을 넣었기 때문이야. 그래서 노상에서 거저 주운 것이야. 안 그래? 지난날의 삼김처럼 정치판에서 잔뼈가 굵었으며, 산전수전 공중전까지 겪은 그야말로 베테랑이 아니었나 말입니다.

경고해 드립니다. 가정이나 사회나 국가나 이치는 똑같다고 생각합니다. 오만에 빠지면 배는 산으로 가고, 국가는 몰락하고, 국민은 도탄에 빠지는 것입니다. 야심과 탐욕을 버리고 있을 때 잘해!

허상

조선 시대만 해도 농민들은 하늘만 쳐다보는 농경 시대에 7년 대흉년이라는 가뭄이 지속되어 백성들은 초근목피로 연명하고 있을 때, 임금이 덕이 없어 백성들의 고충이 지속되고 있다고 믿었던 임금님은 도의적 책임을 통감하고 웃옷을 벗고 인두를 불에 달구어 등에 불침을 받았다고 합니다.

세월은 흘러 흘러 역사는 기록되고, 21세기를 맞이한 현재의 대통령도 이와 같이 국민을 사랑하고 국민의 안위가 곧 대통령의 직위와 안전이 함께하고 있다는 것을 인지하는 지도자가 있을까 하는 것입니다.

국민을 기만하고 눈과 귀와 입을 틀어막지 않는 것만 해도 감지덕지해야 할 것입니다. 국민을 빙자해서 공명을 챙기는 일이 다반사니까 말입니다. 국민이 주인이 되는 나라를 바라는 사람이 바보인 것을. 안 그렇습니까.

어느 계층을 막론하고 뒷수습을 책임질 줄 아는 그런 지도자가 요구되는 것입니다.

평가는 역사가 말한다

제나라 경공은 말을 4,000필이나 소유했지만, 죽을 때 백성 중에서 그에 덕을 칭송하는 사람이 없었다고 합니다.

백이와 숙제는 수양산 아래에서 굶어 죽었다는 사실이 알려진 이후에야 지금까지도 칭송하고 있는 것은, 아무것도 남기지 않은 채 공직에서 얼마나 청렴했으며, 오로지 나라와 백성들을 위해 일생을 바쳤다는 사실만으로 추앙받고 있는 것이라 여겨집니다. 오늘날의 공직자들은 이 사실을 알려나 몰라.

윗물이 맑아야 아랫물도 맑다

한나라의 임금을 알고자 하면 먼저 그 신하를 보고, 그 사람을 알고자 하면 먼저 그 벗을 보며, 그 아버지를 알고자 하면 먼저 그 자식을 본다. 임금이 거룩하면 그 신하가 충성스러웠고, 아버지가 인자하면 그 자식이 효성스러운 것이다.

마음을 살피라

봄비가 내려 땅을 기름지게 하지만, 길가는 나그네는 그 진창을 싫어하고. 가을 달이 휘영청 밝아 그 빛을 드날리지만, 도둑질하는 자는 그 밝게 비추는 빛을 싫어한다.

장부는 선을 보는 것이 명분과 절의(節義)를 태산같이 여기며, 마음을 쓰는 것이 곧음으로 죽고 사는 것을 기꺼이 가볍게 여기는 것이다.

나라가 바르면 천심도 순하고, 벼슬아치가 청렴하면 백성이 저절로 편안해진다. 자식이 효성스러우면 그 아버지의 마음이 너그러워지는 것이다.

이치와 진리

흰 옥은 진흙 속에 던져져 있다고 해도 그 빛을 더럽힐 수 없고, 군자는 혼탁한 곳에 갈지라도 그 마음은 어지럽힐 수 없다.

해와 달이 제아무리 밝다 해도 얼어붙은 물동이 바닥까지는 비추지 못하고, 칼날이 제아무리 날카롭다 해도 죄 없는 사람의 목은 베일 수 없다.

정사를 다스리는 요체는 공정함과 청렴함이요, 집안을 일으키는 근본은 검소함과 부지런함이다.

공직자들은 사명감을 가져라

비록 도끼 형을 당하여 죽는 한이 있더라도 바르게 임금의 잘못을 말할 수 있어야 하는 것이며, 기름 가마솥에 삶아 죽는 일이 있더라도 옳다고 생각하는 말은 바로 다 해야 하는 것이 옳은 신하이다.

작금의 대통령실 국무위원이라는 작자들을 보면, 지게꾼보다도 못한 것들이 가히 전부라 해도 무방하리라. 윗사람이 영특해야 아랫사람이 충성한다.

군주의 철학

국민을 법령으로 다스리고 형벌로 규제하면, 국민은 구차하게 형벌을 면하려 하면서도 범법 행위에 대해 부끄러워할 줄 모르게 된다.

국민을 덕으로 다스리고 예로써 규제하면, 국민은 부끄러워할 줄 알고 올바른 사람이 될 것입니다.

부모를 진심으로 섬기고, 임금을 한목숨 바쳐 모시며, 친구를 사귈 때 말에 신뢰가 있으면, 그런 사람이 비록 배우지 못했다고 하더라도 나는 그를 반드시 배운 사람이라 부를 것입니다.

곧은 사람을 등용하고 굽은 사람을 내치면 국민이 복종할 것이며, 굽은 사람을 등용하고 곧은 사람을 내치면 국민들은 복종하지 않을 것입니다.

군주의 길

군주는 먼저 덕으로 국민을 다스려야 하고, 국민의 신임을 얻은 다음에 노역을 시켜야 한다. 먼저 실무자들에게 일을 맡겨 책임지게 하고, 사소한 잘못은 용서해 주고, 어질고 재능 있는 인재를 등용하여 내가 잘 알고 있는 인재를 등용해야 함은 물론, 군주는 자신의 말에 구차함이 없어야 한다.

마지막 탄식

네가 대체 무슨 반달이란 말인가. 갈팡질팡하는 모습을 보니, 나라의 앞날이 풍전등화처럼 위태롭기만 하다.

검찰총장까지 지낸 사람이 계엄법조차 제대로 알지 못하니, 손자병법을 이해하지 못하는 것은 어쩌면 당연한 일일 것이다. 대통령을 꿈꾸는 사람이 대한민국이 민주공화국이며, 삼권분립을 기반으로 한 법치주의 국가라는 기본조차 모를 리 없지만, 지금의 모습은 마치 헌법을 유린하는 국치의 현장을 보는 듯하다. 국민이 어찌 불안하지 않으랴.

법 위에 국민이 있는 것이 아니라, 권력자의 입맛에 따라 법이 휘둘리고 있으니, 이것을 두고 어떻게 법치국가라 부를 수 있겠는가. 국가를 경시하고 국법을 무시하며 국민을 조롱하는 자는 마땅히 사회로부터 격리되어야 할 것이다.

정부 출범 초기, 국민들은 새로운 희망의 깃발 아래 모여 허리띠를 졸라매며 더 나은 내일을 꿈꾸었다. 그러나 대통령 탄핵이라는 참혹한 소식은, 국민의 가슴속에 타오르던 기대를 한순간에 날려 버리고 말았다.

나는 보았다. 나는 말했다. 그리고 나는 결심했다.

지금 이 시간 이후로는, 묵비권은 물론 묵시적으로라도 침묵하며 살아가겠노라고.

7부

아는 만큼 보인다

아는 만큼 보인다.

동물이라면 눈에 보이는 형상만 볼 수 있지만, 사람이라면 일반 동물과는 다른 점이 있어야 한다. 그것이 무엇인고 하니, 사람이라면 사람의 내면, 즉 마음을 볼 수 있어야 한다는 것이다.

물론 쉬운 일은 아니지만, 속에 있는 상대방의 마음까지 볼 수 있어야 참다운 사람이다. 그래야만 삶에 있어 헛발질하지 않게 된다. 된장인지 아닌지 먹어보고 나서야 판단한다면 매우 어리석은 행동이며, 버스 지나간 뒤에 손 드는 격이 되고 마는 것이다.

어리석은 사람은 현명한 사람에게 아무것도 배울 게 없지만, 현명한 사람은 어리석은 사람에게서도 배울 게 많은 법이다.

인과응보(因果應報)

잘살고 못사는 빈부의 격차는 동서양을 막론하고 크게 다르지 않다. 하지만 시작이 있으면 반드시 끝도 있는 법. 그 원인과 결과를 따져 봐야 한다.

가난하던 사람이 어느 날 부자가 돼 있는가 하면, 부자로 살던 사람도 어느 한순간 적빈(赤貧)이나 낙동강 오리알 신세가 되어있더라. 훌륭한 일을 하면 상도 받고 명예도 얻는 것이지만, 죄를 짓고 악행을 저지르면 명예를 잃는 것은 물론 벌도 받아야 하는 것이다. 이러한 인간의 변천사를 우리는 인과응보라 부른다.

당대에 받고 갚는 것은 당연하겠지만, 때에 따라서는 꼭 필연이 그런 것만도 아니다. 당사자가 떠난 후라도 그 후손들에게 부와 명예가 돌아가는 경우가 있는가 하면, 선대의 악행으로 말미암아 그 후손들의 앞길이 막히고 우연한 재앙으로 인해서 멸문지화(滅門之禍)를 당하는 일도 우리는 봐 왔다.

알면서도

사람이 살아가는 방향에는 두 갈래 길이 있다. 하나는 선(善)이고 하나는 악(惡)이다. 베풀며 사는 사람이 있는가 하면, 한쪽에서는 착취만을 일삼는 사람도 더러 있더라.

'적선지가(積善之家)에는 필유여경(必有餘慶)'이라, 착한 일을 많이 한 집안에는 반드시 경사스러운 일이 돌아온다는 사실을 모르는 이는 아무도 없다. 저마다 행하지 못하는 것은 욕심 때문인가, 원한 때문인가, 일시적 감정 때문인가.

원수를 사랑하고 원한은 웃음으로 넘길 수만 있다면, 세상은 우순풍조(雨順風調)하고 시화연풍(時和年豊)하며 태평성대(太平聖代)를 맞이하게 될 것을.

선택은 자유다

"못 먹어도 고"라고요? 왜 그러십니까. "죽어도 오라이"라고요? 죽음을 연습하시는 것입니까. 패배를 예약이라도 하시는 것입니까. 그리고도 안 되면 옆 사람을 원망하실 것입니까. 자기 죽음이 누구 때문이라 하실 것입니까.

모두가 부질없는 어리석기 때문입니다. 눈치가 있으면 절간에서도 새우젓을 얻어먹을 수 있다는 말 아니겠습니까. 지혜롭게 사시라는 교훈임을 잊지 마시옵소서.

나는 부모님의 유산이다

나는 공부를 못했지만, 단 한 번도 부모님을 원망해 본 적이 없다. 나라는 존재가 곧 부모님의 유일한 유산이기 때문이다.

세상에서 '나'라는 존재는 부모님의 은혜 그 자체인 것이다. 오죽이나 했으면 '신체발부 수지부모(身體髮膚 受之父母)'라 했겠는가. 털끝 하나라도 소중히 간직해야 한다. 마지막 그날까지 감사하며 살리라.

하면 된다

저 구름 아니면 달빛이 가려질까. 자연도 장해를 받는데 인간이 그냥 가면 재미있겠는가.

하물며 인간이 한평생을 살아가다 보면, 중도 보고 절도 보고, 질병과 도전, 질투, 그리고 수많은 가시넝쿨과 굽이마다 고개마다 시련과 좌절, 역경과 난관을 극복하고서야 드디어 여명을 맞이하게 될 것이다.

감나무 밑에 누워 입을 벌리고 평생을 있다고 해도 내 입에 홍시가 들어올까. 남이 만들어준 자리는 오래가지 못한다. 원하는 것이 있다면 반드시 내 손으로 이룩해야 한다.

자식은 부모의 그림자다

옛날옛적에 노부모님이 병환이 깊어지자, 자식 되는 사람은 아버지를 산속에 버리는 고려장(高麗葬)을 하기로 마음먹었다. 아버지는 아들과 같이 번갈아 가면서 지게에 타고 어디쯤 갔을까, 아버지를 그곳에 내려놓고 돌아서 오려는데 아들놈이 지게를 챙겨 들고 따라오지 않는가.

아버지가 "이놈아, 지게는 여기 그냥 버리고 가자"라고 하자, 자식 놈이 하는 말이 "아버지 아닙니다. 이 지게를 집에 갖다 두었다가 아버지께서 늙고 병이 드시면 그때 다시 쓰려고 하는 것입니다."라고 했다.

그 말을 들은 아버지는 "내가 생각이 짧았구나" 하며 할아버지를 다시 모시고 집으로 돌아왔다는 전설 같은 얘기 말입니다. 자식들은 부모가 어떻게 인생을 살아가는지 일거수일투족을 그대로 따라 합니다. 자식은 부모의 그림자입니다.
(부전자전 ↔ 모전여전)

진실과 거짓

소문난 잔치에 먹을 것이 없고, 말 많은 집에 장맛이 쓰답니다.

쉽게 달궈지는 쇠는 쉽게 식습니다.

큰소리보다는 속삭이는 소리가 더 멀리 갑니다. 말은 작게 해도 울림은 커야 합니다.

글을 배웠어도 발로 쓰는 사람이 있습니다.

입을 닫고 귀는 여는 사람도 대가(大家)가 될 수 있습니다.

못된 것을 보고 들었으면 깨끗한 물로 씻어 버려야 합니다.

시끄러운 곳에서는 삼십육계(三十六計) 줄행랑이 최고입니다.

당신은 완벽주의자인가

사람은 세상을 살면서 하고 싶은 일이 있다고 해도 그것을 다 하고 사는 사람은 아무도 없을 것이라 주장하는 바입니다. 그렇다면 하기 싫은 일은 어떻게 될까요? 내가 하기 싫은 일이라 해서 하지 않을 수 없는 경우를 누구나 한두 번쯤은 경험했겠다고 생각합니다. 그것이 만고의 진리이고 세상 사는 이치인 것이라고 알고 있습니다.

당신께서는 세상을 살면서 본의 아니게 실수나 결례를 단 한 번도 한 적이 없는 100% 완벽한 사람이라고 자부할 수 있습니까? 한 번쯤은 뒤를 돌아다 봐주시기 바랍니다.

전문가와 비전문가

술꾼: 소주, 맥주, 탁주, 양주, 쓰든 달든 가리지 않고 마신다.

난봉꾼: 곰보, 째보, 뚱보, 있든 없든 치마만 둘렀으면 모두 OK.

도박: 자기는 도박의 전문가라고 큰소리치는 사람치고 동서고금을 막론하고 화장실에 기와 한 장 올린 사람 아무도 없다.

서투른 대장장이가 연장 탓만 하더라.

굿 못하는 무당: 굿 못하는 무당이 장구 탓하고, 국수 못하는 아낙네가 안반(도마)을 나무라더라. 전문가를 부러워하지 말라. 비전문가일지라도 오히려 마음은 편할지도 모르는 일이다.

제비족의 특징

노래와 춤에 능하다.

상대의 마음을 사로잡는 기술이 있다.

상대의 속을 꿰뚫어 보는 통찰력이 있다.

의상과 맵시를 100% 활용한다.

떡밥을 던지는 선수 치기를 한다.

반(半) 직업적이며 사기의 전문가이다.

대상은 노소 불문, 남녀 불문이다.

본성은 잠꼬대에서도 나온다.

안면박대, 이유 불문, 작전 개시.

이러한 제비족의 변수에는 눈을 뻔히 뜨고도 당할 수밖에 없더라. 한 번은 당했지만 두 번 다시 당할 수는 없다. 다음에는 누가 또 당할지는 아무도 모른다.

꾀 많은 당나귀

잔머리를 자주 굴리다 보면 자기 꾀에 빠질 수 있다. 소금 장수가 당나귀 등에다 소금을 싣고 다니면서 장사를 하는데, 어느 날 당나귀는 힘이 들자, 꾀를 써서 그만 물에 빠지고 말았다. 물에 젖은 소금은 점점 녹아내려서 짐은 가벼워졌지만, 화가 난 소금 장수는 당나귀의 버릇을 고쳐주기로 결심하고 다음 날은 소금이 아닌 목화솜을 잔뜩 싣고 길을 나섰다. 어디쯤 갔을까, 드디어 개천에 이르자 당나귀는 작심이라도 한 것처럼 물에 주저앉고 말았다. 과연 결과는 어떻게 되었을까요?

최근에 나는 당나귀를 꼭 빼닮은 한 사람을 보았습니다. 일행들과 일언반구 상의도 없이, 그 누구의 승낙도 없이 자기 기분에 도취해 업소에 예약해 놓았다며 안내한 일이 있었습니다. 예측해 보건대 경비는 자기가 아닌 상대방의 부담으로 처리할 심산이었던 것 같은데, 현장 사정이 여의치 못해 자기 부담으로 처리하고 난 뒤 설왕설래 뒷말이 무성합니다. 풍문으로 듣자 하니 그분은 요즈음 외부와 소식도 끊고 지낸다는 얘기입니다. 남을 물에 넣으려면 내가 먼저 물에 들어가야 하는 법입니다.

삼색 삼인

청송에 백운학. 용궁에 어덕수. 석현에 김수산.

수산은 인물이요 인걸은 지형이라. 옹달샘을 먹고 자란 사람은 자기밖에 모르지만, 천 리를 흐른 강물을 먹고 자란 사람은 천 명을 거느린다. 어리석은 자(愚者)는 현자(賢者)에게 아무것도 배우지 못하지만, 현자는 우자에게서도 많은 것을 배운다.

죽마고우(竹馬故友)

우리는 너나 할 것 없이 흔히들 친구, 친구 합니다. 그러나 진정한 친구 세 사람만 있다면 우리는 인생을 성공한 사람이라고 합니다.

그러면 어떤 친구를 진정한 친구라고 할까요? 첫째, 밤늦게 찾아가도 반갑게 맞이하는 사람. 둘째, 내가 어려울 때 언제나 곁에 있어 주는 사람. 셋째, 내가 없는 곳에서도 나를 칭찬해 주는 사람. 당신은 이러한 친구가 과연 몇 명이나 있을까요? 가슴에 손을 얹고 생각해 보는 시간입니다.

고해(苦海)

인생은 고해(고통의 바다)다.

하는 일마다 쉽게 되는 것은 없고, 해서 안 되는 것은 많더라.

좋은 일은 적고 나쁜 일은 많으며, 행복하기는 어려워도 불행에 빠지는 것은 한순간이더라. 좋은 일 하기는 어려워도 남들로부터 지원받는 일은 흔히 있더라. 돈을 모으기는 어려우나 쓰려고 들면 언제나 부족한 것이 돈이더라. 좋은 일 하고 상 받기는 어려워도, 나쁜 일 하고 벌 받기는 쉽더라. 어찌 인생을 고해라 아니할 수 있겠는가.

이산가족

남북 간의 이산가족은 국경 때문이라고나 하지, 한 하늘 아래 엎어지면 코 닿을 곳에 살면서 못 만나는 이유와 원인은 무엇 때문인가. 운명이냐 숙명이냐, 아니면 팔자타령이냐.

하늘을 봐야 별을 따고 사랑을 봐야 사랑을 하지. 눈물로 이별을 막으려 했던 어리석은 이 남자야, 마음은 이미 콩밭에 가 있는데 동아줄인들 잡아둘 줄 알았느냐. 애원도 부질없고 눈물도 쓸모없더라. 사는 데까지 살아보다가 못 살 만하면 떠나는 거지 뭐.

세상의 눈

귀하의 이론과 논리는 다양하게 갖추고 계십니다. 나쁜 것은 절대 아니지만, 비종교인이 봤을 때 하나님 말씀에 지나치리만큼 맹종(맹신)하는 것은 아닌지 오해받을까 염려되어서 드리는 말씀입니다. 그리고 여러 사람을 대할 때 지나치리만큼 믿음으로만 대하는 것이 단점으로 보일 수도 있기 때문입니다.

우주 만물의 흥망성쇠가 하늘의 뜻에 달려 있다는 데에 대해서야 재론의 여지가 없는 것으로 생각합니다만, 세상 사람 모두가 하나같이 따르고 나와 똑같은 성도가 되기를 바라는 것은 한계가 있을 것으로 생각합니다.

빈부의 격차, 귀천의 격차는 반드시 존재하는 것이라면, 사랑과 용서, 선과 악이 서로 공존하면서 수억 년을 지구는 돌고 있는 것이며, 음지가 양지가 되고 양지가 음지가 되며 지구는 영원히 돌아갈 것입니다.

비에 젖은 터미널

늦은 봄비가 주룩주룩 내리는 태백 버스터미널. 대합실 옆자리에 앉은 중년의 여인. 삼척행 버스 출발 전, 여인은 삼척행 버스를 묻는다.

"예, 이 차를 타면 됩니다."

나는 짐이 무거워 앞자리에 앉고, 그 여인은 바로 뒷자리에 앉으며 전화번호를 요구한다.

나는 아무런 주저함도 거리낌도 없이 명함을 건네준다.

잠시 후 버스는 도계 터미널에 도착했고,

"잘 다녀가세요"

짧은 한마디를 건네면서 아쉬움을 남긴 채 우리는 헤어지고 말았다.

인생은 직진이다

물과 불은 원수를 맺을 수 없다. 인생은 새옹지마(塞翁之馬)란다. 좌절도 낙심도 하지 말자. 하루가 흐렸으면 하루는 개는 날이 온다. 집시 인생이 될지라도 포기는 말자. 한 번은 대박이 난다. 입이 생겼으니 먹을 것이 생길 것이고, 어깨가 생겼으니 입을 것도 생길 것이다.

하늘은 이름 없는 사람을 내지 않는 것이고, 땅은 이름 없는 꽃은 피우지 않는다.

꿈이 있는 곳에는 반드시 길이 있다.

북망산 가는 길

어제도 안삼밭을 다녀왔는데 오늘 또 궁금해지는 것은 무슨 연유일까. 한번 가면 돌아올 수 없는 길인데, 누구나 싫어하는 길인데, 설마 때가 되면 어련히 알아서 갈 텐데. 뭐가 좋아서, 뭐가 그리 급해서 사흘이 멀다고 가고 또 가느냐.

예전에는 걸어서 갔었는데 지금은 택시까지 타고 가느냐. 걱정마라, 조급해하지 마라. 불원장내에 리무진을 타고 갈 테니까 염려 말라.

깊은 상처

아픈 곳은 건드리면 두 배로 아프다. 오래된 병일수록 완치도 어렵다더라. 계절이 바뀔 때면 더욱더 고달프다. 육신의 병도 그러하다면 마음의 병이라면 무엇에다 비할까. 잊을 수만 있다면 얼마나 좋겠냐만, 잊고자 생각하면 더욱이나 아픈 것이 마음의 병이 아니던가 말이야. 곰곰이 생각해도 생전에는 어려우니 무덤까지 가져가는 수밖에는 묘책이 없는 듯하오이다.

권불십년 화무십일홍(權不十年 花無十日紅)

권력자의 문전에는 금은보화가 쌓이는데 가난한 선비의 문전에는 낙엽만이 쌓이더라.

정승 집 개가 죽었을 땐 문상객이 줄을 이루고 정승께서 별세하시니 동네 개도 그냥 지나치더라. 못 배우고 가난하여졌다 보면 외부 손님은 꿈도 못 꿀 일이다.

적선지가(積善之家)는 필유여경(必有餘慶)이라, 그 사람의 공과는 죽은 후에 평가하는 것이 순서이고 정답이다.

백중(百中)

백중(百中)은 음력 7월 보름에 드는 속절(俗節)이며, 백종(百種)·중원(中元), 또는 망혼일(亡魂 日)이라고도 한다. 백종(百種)은 이 무렵에 여러 가지 과실과 채소가 많이 나와 '백 가지 곡식의 씨앗'을 갖추어 놓았다고 하여 유래된 말이요, 중원(中元)은 도가(道家)에서 말하는 삼원(三元)의 하나로서 이 날에 천상(天上)의 선관(仙官)이 인간의 선악을 살핀다고 하는 데서 연유하였다. 또한 망혼일(亡魂日)이라 한 까닭은 망친(亡親)의 혼을 위로하기 위해서 술·음식·과일을 차려 놓고 천신(薦新)을 드린 데에서 비롯되었다.

기록적인 한발

산들바람 불어온다. 동동 8월, 7~8월 건마(남쪽에서 불어오는 시원한 바람)가 이제서야 불어온다.

37도를 넘나들던 무더위가 100여 일이나 지속되었는데 들녘에 벼 이삭과 함께 이제서야 고개를 숙이는구나. 특히나 영동 지역은 식수난까지 가져온 기록적인 한발(가뭄)을 겪고 있구나. (2025. 9. 6. 음력 7. 15. 백중날)

사필귀정(事必歸正)

아버지가 크게 근심하지 않음은 자식이 효도하기 때문이고, 남편이 번거로운 걱정이 없는 것은 아내가 어질기 때문이다.

사랑함이 심하면 반드시 심한 허비가 뒤따르고, 칭찬받는 일이 많으면 반드시 심한 훼방꾼이 생기고, 기뻐하는 일이 지나치면 반드시 심한 근심을 가져오며, 뇌물 탐함이 심하면 반드시 망하게 되는 것이다.

미래를 알고자 하거든 먼저 지나간 일을 되살펴 보면 답이 보일 것이다.

지덕노체(智德勞體)

남을 헤아려 보려거든 먼저 자신을 헤아려 봐야 하고, 귀로는 남의 그릇됨을 듣지 말며, 눈으로는 남의 단점을 보지 말아야 하며, 입으로는 남의 허물을 말하지 말라.

복은 맑고 검소한 데서 생기고, 덕은 몸을 낮추고 겸손한 데서 생기고, 도(道)는 편안하고 고요한 데서 생기는 것이다.

대장부의 길

대장부라면 남을 용서는 할지언정 남에게 용서받을 일은 없어야 한다. 나를 귀하게 여겨 남을 천하게 보지 말고, 자신을 크다고 여겨 남을 작다 멸시하지 말며, 나의 용맹만 믿고서 적을 가벼이 보지 말라. 남의 허물을 듣거든 내 부모 이름을 듣는 듯하여, 귀로는 들을지언정 입으로는 말하지 말라. 노여움이 심하면 기력을 상하고, 생각이 번잡하면 정신을 크게 손상한다. 정신이 피로하면 마음이 쉽게 지치고 기력이 약하면 병이 따라서 생긴다. 여색을 원수같이 하고, 쓸데없는 말과 급하지 않은 일은 버려두고 참견하지 말라.

척 보면 압니다

바보도 자기네 마당은 쓸 줄 안다.

자기 돈 아깝지 않은 사람 없다.

돈도 없으면서 한잔하자는 사람은 비열한 사람.

공짜 술만 바라는 사람은 자기 잘난 맛만 아는 사람.

담배는 피우면서 담배 같은 집에 두고 다니는 사람은 둘도 없는 밉상.

사사건건 먹는 얘기에 빗대는 사람은 추하고 동티스러운 사람.

형편이 되면서 빈 지갑만 가지고 다니는 사람은 사기성이 농후한 사람.

술값 내기 싫으면 취한 척 조는 사람.

나를 알고 분수를 알자

나무는 먹줄을 따라 깎으면 곧아지고, 사람은 남의 충고를 받아들이면 성스러워진다.

큰 집이 천 칸이라도 밤에 눕는 곳은 많아야 여덟 자뿐이다. 좋은 논밭이 만경(萬頃)이라도 하루 세 끼 먹는 것은 누구나 똑같다.

오래 머물면 사람들로 하여금 천히 여겨지고, 너무 자주 찾아오면 친하던 사이도 벌어진다. 술이 사람을 취하게 하는 것이 아니라 사람이 스스로 취하는 것이고, 색이 사람을 매혹시키는 것이 아니라 사람이 스스로 색에 매혹되는 것이다.

지혜는 생활 속의 자산이다

어리 섞은 사람은 아내를 두려워하고 어진 아내는 남편을 공경한다. 자식이 효도하면 부모가 즐겁고 집안이 화목하면 만사가 형통이다.

남이 나를 소중히 여기기를 바라거든 내가 먼저 남을 소중히 여겨라. 술이나 음식을 먹을 때는 모두가 친구이고, 위급하고 험한 일을 당했을 때는 주위에 사람이 잘 보이지 않는다.

열매를 맺지 않는 꽃은 심으려 하지 말고 의리가 없는 친구는 사귀지를 말라.

여자의 덕목

첫째, 여자다운 덕행을 쌓아야 하고, 둘째, 여자다운 얌전한 용모를 지녀야 하며, 셋째, 여자다운 목소리가 있어 쟁반에 옥구슬 구르는 소리를 내야하고, 넷째, 여자다운 말씨가 맵시 있어야 하며, 다섯째, 여자다운 걸음걸이로 사뿐히 걸어야 하고, 여섯째, 손과 발 등이 고와야 여자다운 여자라 할 것입니다.

어진 부인은 부모 형제 동기간을 화목하게 만들지만, 간악한 부인은 진정 동기간에 가깝던 사이도 더 멀어지게 하더라. 남편의 출세 가도에도 부인의 내조가 매우 큰 부분을 차지한다고 생각합니다.

남자가 갖추어야 할 덕목

의리
지혜
용맹성
결단력
추진력
포용력
성격
무게감
배려심

겸손한 남자가 갖추어야 할 덕목 중에서 빠진 것이 있다면 보충해 주시고, 불필요한 것이 삽입되었다면 책장을 찢어버려도 무방하겠습니다.

세속의 변천사

문명과 문화, 세속은 자고 나면 새로운 세상이 펼쳐져 있다.

이를 어찌 혼자의 힘으로 막아낼 수 있겠는가. 신발 벗어 들고 뛰어도 작심삼일이더라. 삼강오륜, 인의예지는 하루가 멀다고 잊혀 가는데, 안타까움만 차곡차곡 쌓이고. 젊은이들은 나를 보고 '꼰대'라고 부르겠지만 세대 차이 나는 것은 어찌할 수가 없는 것을. 유행에 복고풍도 돌고 돈다고 하였지만, 뱁새가 황새걸음 따라가다 가랑이가 찢어진다는 말씀.

군자의 길

부유함과 귀한 신분은 사람이면 누구나 바라는 것이겠지만, 부당한 방법으로 얻은 것이라면 받아들이지 말아야 한다. 가난함과 천한 신분은 누구나 싫어하는 것이지만, 부당한 방법으로 그렇게 되었더라도 기어코 버리지 않더라.

군자가 인(仁)을 버리면 어떻게 군자라는 명성을 지킬 수 있겠는가. 군자는 밥을 먹는 순간에도, 위급한 상황에서도, 세상이 뒤집어지는 순간에서도 반드시 인과 함께해야 한다.

다섯 가지 덕행

공손함, 관대함, 믿음직스러움, 민첩함, 은혜로움이다.

공손하면 남도 나에게 공손할 것이고, 관대하면 대중들이 귀하게 여길 것이며, 믿음직스러우면 사람들이 신임할 것이고, 민첩하면 공(功)이 있을 것이며, 은혜로우면 사람들을 거느릴 수 있게 될 것이다.

삼행 삼금(三行 三禁)

절제하기를 좋아하고, 남의 장점을 말하기를 좋아하고, 현명한 친구를 많이 사귀는 것을 좋아하면 유익하다. 반면 교만함과 즐거움을(향락을) 좋아하고, 절도 없이 돌아다니는 것을 좋아하고, 술과 여자와 안락을 좋아하면 해롭다.

태어나면서부터 도를 아는 사람은 최상이고, 배워서 아는 사람은 그 다음이고, 인생에서 막힘을 경험하고 나서 배우는 사람은 또 그다음이다. 고초를 경험하고 나서도 배우지 않는 사람은 최하로 어리석은 사람이다.

말하기는 어렵지 않은데

수신제가치국평천하(修身齊家治國平天下) 말하기는 어렵지 않으나 행하기는 어렵더라. 악을 물리치고 선을 북돋우며, 가정을 잘 다스리고 국가도 잘 다스리면 하늘 아래 모두가 편안하다. 노력은 끝까지 해봅시다.

투시

소인배는 혼자 있을 때도 남의 눈을 속일 연구만 한다. 착하지 않은 짓거리와 온갖 비행을 일삼다가도 범 같은(훌륭한) 사람이 나타나면 풀이 죽고 꼬리를 내린 채 언제 그랬느냐는 듯이 서둘러 덮고 감추고 시치미를 떼고 착한 모습만 보이려고 애쓴다.

하지만 사람들은 그의 소행을 훤히 들여다보고 있다. 아무리 감추고 숨기려 한들 이미 얼굴에도 쓰여 있는 것을.

추석 단상

"더도 말고 덜도 말고 한가위만 같아라." 이제는 옛말이 되고 말았습니다. 못 먹는 사람이 없고 못 입는 사람이 없으니 말입니다.

올해 여름은 기록적인 폭염과 가뭄으로서 식수마저 원활하지 못했지만, 처서와 추석에 비가 오면 독 안에 곡식도 줄어든다고 했는데 비가 오고 있습니다. 성묘하시는 분들은 다소 불편하시겠습니다.

의식주는 어느 정도 해결되었지만, 독거노인들은 백세시대나 명절이 그리 탐탁지 않네요. 자식들과 통화라도 할라치면 아파도 괜찮다, 못 먹으면서도 잘 먹고 있다, 물론 선의의 거짓말이기는 하지만 자식들이 걱정 근심할까 봐 이러고 살고 있답니다.

새벽부터 비가 오니 더욱이나 외롭고 쓸쓸하고 한기까지 느껴집니다. 에이고 그놈의 명절은 무슨 얼어 죽을 명절이야.

노년의 점(点)

아픈 곳이 많아지고
자신감이 떨어지고
활동하기가 원활하지 못하고
오라는 곳이 줄어들고
지난날을 돌아보게 되고
후회되는 점도 생각나고
세월의 한 자락을 잘라내고 싶기도 하고
베풀며 살고 싶기도 하고
별의별 생각, 잡념이 많아지고
무병장수하고 싶다.
여러분의 생각은 어떠하신지요?
9988234: 99세까지 팔팔하게 살다가 2~3일 앓고 죽자.

사람의 그릇, 그 차이에 대하여

그릇이 작은 사람은 작은 일에도 쉽게 화를 내지만, 그릇이 큰 사람은 기쁜 일이 있어도 소리 내어 웃지 않고 묵직하다.

작은 사람은 자기를 좋아하는 사람만 만나려 하지만, 큰 사람은 자기를 미워하는 사람까지도 품고 만난다.

작은 사람은 오직 자기 생각만을 옳다고 주장하지만, 큰 사람은 타인의 다양한 목소리를 끝까지 경청한다.

작은 사람은 협의나 협상을 할 때 조급하게 속전속결을 원하지만, 큰 사람은 다급하거나 초조해 보이지 않고, 끈기 있게 장기전도 불사한다.

작은 사람은 우선 먹는 곶감이 달다고 생각하여 당장의 이익을 좇지만, 큰 사람은 먼 미래를 내다보며 한 그루의 사과나무를 심는다.

작은 사람은 보고 들은 것을 곧이곧대로 남에게 전달하지만, 큰 사람은 말을 걸러서 듣고, 가려가며 신중하게 말한다.

작은 사람은 일이 잘 안되면 모든 것을 남의 탓으로 돌리지만, 큰 사람은 모든 일의 결과를 여러분의 덕택으로 돌린다.

작은 사람은 언제 어디서나 오만에 빠져 살지만, 큰 사람은 어디서나 누구 앞에서나 겸손할 줄 안다.

작은 사람은 한사코 유식해 보이려고 애를 쓰지만 그 밑바닥이 드러나는 것은 원래 식견이 짧기 때문이고, 큰 사람은 꾸미지 않고 그저 평범하게 말하는 것 같지만 그 울림은 매우 크다.

풍운아

태풍이 오면 폭우가 따라오고 태풍이 불면 파도가 높게 인다. 아무 말도 하지 않으면 아무 일도 일어나지 않는다.

눈이 있으니 보게 되는 것이고 귀가 있으니 듣게 되는 것이며 입이 있으니 말해야 하는 까닭으로, 말 많은 집에는 바람이 들고 일 많은 집에는 복이 들더라.

파란만장했던 풍운아의 일생도 세월의 무게 앞에서는 어쩔 수 없는 뒷방 늙은이 신세. 슬퍼 마라 억울해하지도 마라. 진나라 시황제도, 지구를 주름잡던 나폴레옹도 세월 앞에서는 속절없이 고개를 숙이더라.

왕자병에 대하여

오직 자기 잘난 점만 앞세우고 남의 부족한 점만 들춰내는 사람이 있다. 이런 사람의 안중에는 양보나 배려 따위가 들어설 자리가 없으며, 겸손과 인자함은 아무리 좋은 망원경으로 찾아보려 해도 도무지 찾을 길이 없다. 그야말로 '천상천하 유아독존'이 아닐 수 없다.

그들은 마치 세상의 중심이 자신인 양 "나는 보았노라, 들었노라, 말하노라" 하며 떠들어대지만, 그 모습이 가련하기 이를 데 없다. 겸손과 배려야말로 한 인간의 인품을 결정하는 척도이자 요체임을 어찌 그대만 모르고 계시는가.

우리는 이러한 착각 속에 사는 이들을 일컬어 '왕자병'이라 부른다. 자신의 부끄러움을 모른 채 뻣뻣하게 고개를 들고 살아가는 그들을 보노라면, '부끄러워할 줄 모르는 뻔뻔함'이야말로 저들을 살아가게 하는 힘인가 싶어 씁쓸한 마음을 감출 수 없다.

공주병에 대하여

옛날에 모르는 남자가 없고, 모르는 노래가 없으며, 모르는 사건이 없을 정도로 다방면에 박식한 한 여인이 있었다. 그러나 그녀의 박식함은 상식과 이치를 자기 멋대로, 자신이 유리한 대로, 자기 입맛에 맞게 쏟아내는 도구일 뿐이다. '아는 것이 많으면 먹고 싶은 것도 많다'라고 했던가. 이 일을 어찌하면 좋을꼬. 사람들은 그녀가 나타나면 가던 길도 되돌아가고, 마주치면 아예 한쪽 눈을 감아버린다고 한다.

여사님, 우리 여사님. 험한 세상에서 숨 쉬고 빛 보며 살아남으려다 보니 말도 안 되는 소리도 하게 되는 것이 인지상정이라 이해는 합니다. 하지만 그 작태가 참으로 한심하다는 생각을 지울 수가 없어, 부득이 이렇게 쓴소리로 풀이함을 널리 이해해 주시기 바랍니다. 옛말에 부인이 어질고 인자하면 남편의 마음이 언제나 편안하다 하였습니다. 부디 이 한 말씀만은 가슴 깊이 남겨두시어, 오만함 대신 어진 덕을 품으시길 바랍니다.

해설

노을빛에 다시 피어오르는 삶의 진실

김재수 작가의 아홉 번째 에세이 『노을만 붉게 타는구나』는 한 노년의 삶이 마지막으로 꺼내 보이는 고백이자, 평생 품어 온 상처와 회한, 그리고 놓지 못하는 삶의 의지를 다시 확인하게 하는 책이다. 이미 그의 여덟 번째 에세이 『청산에 살리라』에서 모든 회환을 청산青山에 묻겠다고 했지만, 실제로는 그 청산의 그늘 아래 아직 지워지지 않은 이끼 같은 감정과 울분이 남아 있었음을 그는 스스로 털어놓는다. 그래서 다시 펜을 들었고, 그렇게 아홉 번째 기록이 세상에 나오게 되었다. 이 고백은 책의 첫머리에서부터 분명하게 나타난다. 배움이 짧았던 한恨, 불의와 타협하지 못한 모난 자존감, 인생을 버티게 했던 자존과 허탈함이 이번 글 속에도 고스란히 남아 있고, 더 많은 사람에게 '삶의 진실'을 나누고 싶다는 바람 또한 또렷하다.

김재수의 에세이는 하루하루를 버티며 살아온 한 사람의 내력이 그대로 글이 되는 형식이다. 문장은 세련되거나 화려하지 않지만, 거친 숨결을 고스란히 담고 있어 독자를 단숨에 끌어당긴다. 이는 단순한 회고나 감상적 표현이 아니라, 가난한 시대를 살아낸 수많은 이웃들의 기억과 겹쳐지는 집단적 경험의 언어다. 그가 회상하는 어린 시절의 결핍, 전쟁과 가난의 기억, 치열했던 생업, 노년에 찾아온 외로움과 허무는 숙련된 문장가의 기술이 아니라, 실제로 겪은 사람만이 쓸 수 있는 '생활의 언어'이기에 더 큰 울림을 준다. 그래서 그의 고백은 자기연민이 아닌, '이 시대를 살아가는 이웃들과 작은 공감을 나누고 싶다'는 의지에서 비롯된 진정성의 기록이다.

또 하나 주목할 점은 김재수 에세이가 언제나 사람을 향한다는 것이다. 그의 글은 가족, 형제, 친구, 고향 사람들과의 관계로 이루어진다. 그는 누군가에 대한 원망과 서운함을 솔직하게 적으면서도 결국에는 '미워할 수 없는 마음'을 향해 돌아오는 방식을 반복한다. 부모에게 바치는 편지, 먼저 떠난 친구에게 띄우는 영상 편지, 세 아들에 대한 미안함과 사랑은 모두 그의 삶을 지탱해 온 관계의 증거이며, 나이가 들어도 인간이 끝내 포기하지 못하는 것이 바로 '사람'임을 확인시켜준다. "내가 죽더라도 날 기억해준다면 나는 사는 것이다"라는 그의 말은, 인간의 존재가 관계와 기억을 통해 지속된다는 사실을 보여주는 단단한 문장이다.

김재수의 글에는 자연 풍경이 유독 많이 등장한다. 오십천, 죽암산, 산기천, 죽서루, 도계읍의 산과 들은 단순한 배경이 아니라 그의 정체성 그 자체다. 책 속에 실린 오십천 장어와 메기의 사진들, 고향 친구들과 함께한 사진들, 실직군왕릉이나 죽서루의 모습은 그저 기록을 위한 사진이 아니라, 그의 삶이 자연과 사람들 속에 깊이 뿌리내려 있음을 보여주는 증거다. 그는 자연 앞에서 마음의 평화를 얻고, 그곳에서 다시 생을 정리하는 마음가짐을 갖는다. "오십천의 먹물이 마를 때까지 독자 곁을 떠나지 않겠다"는 그의 말은 자연과 삶을 연결하는 시적인 선언이며, 글쓰기를 통해 마지막까지 누군가와 이어지고 싶은 작가의 마음을 품고 있다.

책의 후반부를 이루는 수십 개의 속담과 옛말 모음 역시 단순한 민속적 기록이 아니다. 김재수가 평생 땀 흘려 살아오며 몸으로 배운 '삶의 법칙'이며, 젊은 세대와 독자들이 다시 기억해야 할 생활 철학에 가깝다. 호미로 막을 것을 가래로 막는 어리석음, 손뼉이 마주쳐야 소리가 난다는 관계의 이치, 남의 눈에 눈물 나게 하면 내 눈에는 피눈물이 난다는 인과응보의 진실 같은 말들은 그가 에세이 전반에서 끊임없이 강조해 온 삶의 결론과도 이어진다. 김재수에게 속담은 지나간 옛말이 아니라 '삶을 관통한 진리'이며, 지금 이 시대에 더 절실한 깨달음의 언어다.

결국 김재수의 아홉 번째 에세이를 포함한 전집을 관통하는 메시지는 세 가지로 모인다. 첫째, 삶을 기록하는 일은 부끄러움이 아니라 용기라는 점이다. 작가는 자신의 상처를 숨기지 않는다. 오히려 그것을 드러내며 타인의 상처 또한 끌어안는 방식으로 글을 이어간다. 둘째, 모든 관계는 기억과 책임 위에 존재한다는 믿음이다. 부모, 형제, 친구, 자식, 고향 사람들까지, 작가가 회상하는 모든 관계는 결국 기억을 통해 다시 살아나고 책임을 통해 유지된다. 셋째, 노년의 삶은 끝맺음이 아니라 또 하나의 시작이라는 사실이다. 여덟 번째 에세이에서 모든 것을 청산했다고 했지만, 그는 결국 다시 펜을 든다. 삶은 나이가 들어도 여전히 지속되고, 여전히 정리되지 않은 감정과 기억이 남아 있기 때문이다. 김재수에게 생은 '미완의 서사'이며, 독자에게도 그렇다는 사실을 웅변한다.

그래서 김재수의 에세이는 결국 우리 모두의 이야기로 돌아온다. 부모에게 하지 못한 말, 형제와의 갈등, 자식에게 미뤄둔

당부, 고향에 대한 그리움, 몸이 늙어도 가시지 않는 상처, 그리고 그럼에도 불구하고 다시 살아야 한다는 의지—이 모든 감정은 누군가에게는 자신의 아버지를 떠올리게 하고, 누군가에게는 오래된 마음의 골을 건드리고, 또 누군가에게는 잊었던 고향의 냄새를 떠올리게 만든다. 김재수의 글이 특별한 이유는 바로 그 지점에 있다. 그것이 한 사람의 개인사가 아니라, 수많은 보통 사람들의 이야기처럼 느껴진다는 점이다.

『노을만 붉게 타는구나』는 인생의 저물녘에 쓰인 글이지만, 노을빛은 완전히 끝나는 빛이 아니다. 오히려 가장 붉게 타오르는 순간이며, 하루의 마무리이자 다음 날을 준비하는 시간이다. 김재수의 글은 바로 그 노을빛 같은 의미를 품고 있다. 그는 다음 모퉁이 너머에도 또 하나의 진실이 있을 것이라고 믿으며 글을 마무리한다. 그리고 그 믿음은 그를 읽는 독자에게도 고스란히 이어진다. 인생이 다시 시작될 수 있다는 믿음, 끝나는 순간에도 무엇인가 남아 있다는 희망이 바로 이 에세이가 독자에게 건네는 가장 따뜻한 선물이다.

2025. 12.
서이연 (문학평론가)